KB260462

취사실험의 고고학

음식고고연구회 학술총서 2집

취사실험의 고고학

음식고고연구회 지음

서경문화사

이 책을 펼치면 여기 보이지 않는
땀냄새, 불냄새, 밥냄새가 배어있습니다.

　지난 2008년 식문화탐구회에서는 새해 신년모임으로 눈 쌓인 한라산을 한 사람의 낙오도 없이 함께 올랐다. 그 때 의기충천했던 우리들은 막연하고 관념적인 연구방식을 버리고 직접 실험을 통해 검증하는 방식으로 연구를 지향해 나가자는데 뜻을 모았다.

　그 첫 과제는 '삼국시대의 취사는 과연 어떠한 형태였을까? 로 정했다. 무엇보다 백제의 취사형태에 대해 밝혀보자는 의견이 가장 많았기 때문이다. 이에 따라 백제의 취사를 문헌이나 기존의 연구자료를 재검토하기보다 실험고고학적 방법론을 가지고 완전히 새로운 접근을 시도해보기로 하였다.

　그러나 '어떠한 방식으로 실험을 진행해나갈 것인가? 라는 커다란 문제에 봉착하게 되었다. 그동안 박물관 등에서 체험형태의 취사실험이 실시된 사례는 여럿 있었지만 분명한 연구목적과 실험고고학적 방법론에 따른 실험의 진행과 결과의 도출, 그리고 검증과정이라는 절차과정이 제시된 사례는 전혀 없었기 때문이다. 물론 우리 역시 연구목적과 방향만 있었지 실험에 대한 방법론이나 결과에 대한 검증을 어떻게 해야 하는지는 아직 불분명하고 막연하기만 한 상태였다.

　결국 참고할만한 국내의 선험적 연구나 실험방법에 대한 비교자료가 없었던 터라 모든 것을 처음부터 백지위에 새로 그려야한다는 생각에 그 부담은 점차 커져만 갔다. 그런 이유로 창원에서 서울까지 전국각지에 흩어져 있던 우리는 거의 매주 만나 새벽까지 치열하게 토론을 하고 다양한 의견을 모으며 지난한 시간을 보내게 되었다.

하지만 이렇게 어렵사리 고민한 끝에 결정된 방향은 의외로 간단했다. 처음부터 너무 성급한 욕심을 부리지 말고 비교적 쉽고 실현 가능한 부분부터 선택하고 이것을 실천해 나가자는 것이었다. 대신 우리의 목표를 이룰 때 까지는 몇 년이 걸리더라도 장기적인 목표를 세우고 그대로 진행해 나가기로 하였다.

이러한 논의 끝에 시작한 첫 실험은 우리가 분류한 삼국시대의 취사용 토기가 실제 취사용기로 사용되었는지, 그리고 구체적인 취사방식은 어떠했는지를 밝히는데 주안을 두었다. 물론 실험 전에는 이러한 연구계획이 너무 소극적이지 않은가? 라는 생각도 없지는 않았다. 하지만 실제 실험을 진행하다 보니 이러한 접근방식조차 결코 쉬운 일이 아니라는 사실을 새삼 깨닫게 되었다. 그 이유는 실험고고학적 연구에서 좀 더 완벽을 기하려 한다면 그 준비과정 만으로도 한이 없기 때문이다. 우리 역시 더 나은 실험을 위해 계속 완벽한 준비만을 생각했다면 아마 준비과정만 해도 1년이 부족하다는 사실을 그나마 일찍 깨닫게 된 것은 차라리 행운이었다.

봄바람이 불면서 시작된 실험은 주말마다 모여서 토기를 빚고, 굽고, 실험장도 만들고, 부뚜막을 세우고, 불을 지펴 밥도 하고, 외국 연구자들과 공동실험도 하고, 그 결과들을 학술대회에서 발표하기도 했다.

처음 세운 계획에 비해 순조롭지만은 않았던 우리의 실험이 비록 2년여에 걸쳐 진행되었지만 되돌아 보건데 그 결과는 예상과 달리 작은 편린에 불과하였다. 그렇기에 우리는 끝내 해소되지 못한 무수한 의문들을 머릿속에 넣어둔 채 많은 고민을 하게 되었다.

이 실험을 통해 얻은 결과는 어찌보면 빙산의 일각에 불과할지도 모른다. 돌이켜 보건데 우리의 무지와 한계를 충분히 느꼈기 때문이다. 즉 실험을 통해 알게 되는 사실도 많았지만 실험이 끝나고 나면 언제나처럼 그런데 왜 이

럴까? 라는 의문이 그보다 더 컸기 때문이다. 이처럼 하나를 알면 그 이상으로 수 없이 새로운 궁금증이 더해졌다. 결국 우리가 알고 싶은 것을 찾기 위해 치루어야 할 실험은 끝이 없다는 사실을 매번 실험을 통해 처연하게 겪어내야만 했던 것이다.

이처럼 실험을 통해 모든 궁금증이 해소될 수 있으리라던 환상은 깨어졌다. 우리가 쉽사리 생각했던 고대의 취사방식을 밝히는 일이 그리 간단치만은 않다는 사실도 깨닫게 되었다. 하지만 이 얼마나 행복한 일인가! 그냥 책상머리만 붙들고 앉아있었던들 우리는 이러한 생각조차 못한 채 아직껏 상투잡이만 하고 있었을 것을...

오히려 빙산의 일각이 그 모두라고 우길뻔 했으니, 우리에게는 새로운 연구접근의 좋은 기회가 되었던 것이다. 다만 향후에 실험고고학적 접근과 연구를 계획하는 다른 연구자들에게는 모범적인 선례가 되기보다는 이제 곧 극복되어야할 연구방법이나 대상이 될 지 모른다는 두려움이 드는 건 사실이다. 하지만 그런 생각만 한다면 과연 누가 새로운 길을 나서려 하거나 우리를 넘어서는 새로운 모색이 이루어지겠는가? 만약 발걸음조차 떼지 못한 채 주위를 두리번거리기만 했다면 그 다음 발은 내디딜 수조차 없었을 거라는 생각에 부끄러움을 무릅쓰고 그 과정을 책으로 내게 되었다. 비록 부족함은 많지만 이 기회를 바탕으로 더 나은 다음을 위해 이제 또 다시 우리는 새로운 길을 나서려한다.

하지만 반드시 고민만 있었던 것은 아니다. 우리도 예상치 못한 또 다른 소득도 있었기 때문이다. 지난 2년여 동안 봄과 여름동안 주말을 실험으로 반납하며 함께했던 우리모임 식구들(정말 한 食口가 되었다)에게 참으로 소중한 공동의 추억이 생긴 것이다. 물론 다른 한편으로는 충실하지 못했던 각자 자신의 가족들에게는 한없이 미안해지기도 한다. 아무튼 지난 이년여의 실험을 통해 우리 모임 식구들은 힘이 들면 들수록 서로가 함께하면서 더욱 가까워지고 화합이 공고해졌다. 물론 언제나 가족 같던 분위기였지만 이것은 또 다른 수확이었다. 이처럼 친가족 못지않게 서로가 편하게 만나서 연구도 공유하고 술잔을 기울일 수 있는 모임이 있다는 것은 우리네 인생에 있어 무척이나 유익하고 행복한 일이다.

돌이켜 보건데 실험장의 선정부터 마무리까지 그리고 유성에서 공주외곽의 실험장까지 매번 우리를 바래다주었던 정종태 선생, 남편(최상건氏)까지 불러내어 함께 부뚜막도 만들고 실험용 토기를 나르는 등 궂은 총무일을 마다하지 않았던 한지선 선생, 석사논문을 쓰는 와중임에도 불구하고 실험에 빠짐없이 열정으로 임하던 장홍선 선생, 실험도중 직장도 학교도 집도 모두 바뀌는 일을 겪었지만 그 열정만은 변치 않았던 허진아 선생, 홀로 창원에서 매번 먼 길을 마다않던 정수옥 선생, 뒤늦게 참여했지만 실험에 대한 열정만큼은 누구 못지않았던 한윤선 · 김미연 선생, 이 모든 가족들의 땀에 젖은 미소가 아직도 눈에 선하다.

이 책의 내용 중에는 지난 2008년 고고학회대회의 자유패널 발표(食文化探究會, 2008,「자유패널 1분과 부뚜막취사의 실험고고학적 검토」,『제32회 한국고고학전국대회 樣式의 考古學』발표자료집, 한국고고학회)과 한문협의 야외고고학 6호(食文化探究會, 2009,「삼국시대의 취사형태 복원을 위한 기초연구 -시루와 장란형토기를 이용한 취사실험-」,『야외고고학』제6호, 한국문화재조사연구기관협회)에 게재된 연구성과가 포함되어 있다. 다만 기존 발표자료는 대부분 당시의 실험성과를 중심으로 서술된 것이기에 새로이 손을 보고 일부 내용은 다시 수정하여 종합 · 편집을 하였다. 따라서 큰 틀에서의 변화는 아니라 하더라도 일부 내용이 바뀌었거나 재조정된 부분이 있음을 밝힌다. 그리고 이후에 새로이 밝혀진 성과는 물론 실험을 바탕으로 추후 검증된 삼국시대의 취사 · 조리 형태에 대해서도 추가하였다. 또한 지난 2008년 우리와 함께 실험에 참여하고 자문을 해주었던 일본의 籵山政子 선생께서도 유쾌한 小考를 보내오셨기에 말미에 함께 게재하였다. 일본의 부뚜막연구에 대한 현대적인 이해를 도모하는데 많은 도움이 될 수 있으리라 생각한다.

한편 지난 "취사의 고고학"과 마찬가지로 이번에도 음식문화관련 고고학

용어를 부록으로 함께 넣었는데 용어가 중복되고 일관성이 없는 것처럼 비추어질 수도 있을 것이다. 이는 "취사의 고고학"에 게재된 용어를 좀 더 수정 보완한 것과 이 책에서도 새로이 나오는 용어들을 함께 실었기 때문이다. 그 이유는 이 책을 읽으면서 반복되는 용어들이 생소하거나 "취사의 고고학"을 아직 읽지 못한 독자들을 위해 좀 더 쉽게 찾아볼 수 있도록 하기 위해서이다. 따라서 이 책을 읽는 독자들께서는 용어에 대한 의미전달이 불명확하거나 이해가 어려운 부분이 있다면 반드시 저자에게 지적해 주기를 부탁드리는 바이다. 그러면서 좀 더 쉽고 이해가 빠른 용어로 점차 고쳐질 수 있으리라 생각한다. 그런 생각에 각각의 용어에는 저자명을 부기하였으며 표지의 저자소개란에 이메일주소도 함께 넣었다. 아무쪼록 독자 여러분들의 관심과 기대를 부탁드리는 바이다. 향후 이런 과정을 거치면서 점차 그 정확성이 높아진다면 더욱 많은 새로운 용어들이 소개될 수 있을 것으로 생각한다.

지난 "취사의 고고학" 서문에서 다음 차례는 "요리의 고고학"을 내겠다는 계획을 이야기를 했는데 과연 언제 나오는지 궁금해 하시는 분들이 계실 것으로 생각한다. 이 책이 "요리의 고고학"보다 먼저 나오게 된 것은 우리의 실험내용을 모두 정리해보자는 생각에서였다. 그간 실험고고학적 접근방법이나 성과와 문제에 대한 연구자료가 없었던 차에 이러한 책도 필요하겠다 싶어 계획을 일부 수정하게 되었던 것이다. 이러한 연유로 자연스레 "요리의 고고학"은 다음 순번으로 미루어지게 되었다. 이제는 "요리의 고고학"을 어서 마무리 지어 약속을 지켜야 한다는 생각에 다시 어깨가 무거워진다.

여담이지만 이번에 연구회의 이름이 바뀌게 되어 우리를 기억하시던 많은 분들께서 당황해하지 않을까 해서 이에 대해서도 간단히 언급을 해야 할 것 같다. 올해부터 우리 연구회의 이름이 "식문화탐구회"에서 "음식고고연구회"로 변경되었다. 지난 5년간 써오던 이름을 갑작스럽게 바꾸게 된 배경은 사실 오래전부터 논의돼 왔던 문제 때문이다. 그간 식문화라는 용어에 대한 국적논란을 비롯하여 몇가지의 문제 제기가 있어왔다. 특히 식문화라는 용어가 내포하는 광범위한 성격에서 주로 문화사나 식품학적인 느낌이 더 강하고 주로 그쪽 분야의 연구에서 더 많이 쓰이고 있는 것이 사실이다. 그러다 보니 식품학을 비롯한 제 연구분야에서 너무나 다양하게 식문화라는 이름의 연구가 중복되므로 명확한 성격구분 또는 차별화의 필요성도 꾸준히 제시되었다. 이제 우리의 색깔에 맞는 새 이름으로 바꾸게 된 만큼 더욱 새로운 자세로 정진하는 연구모임이 되겠다는 의지를 다져본다.

마지막으로 이 책이 나오기까지 많은 분들과 기관의 지원을 받았기에 부족하나마 지면으로 감사인사를 드리고자 한다.

실험용토기를 제작하는데 필요한 제반비용은 한강문화재연구원(원장 신숙정)에서 매년 연구비를 지원해 주셨다. 비록 작은 연구모임이지만 신숙정 원장께서 신진연구자들의 뜻을 이해하고 주요학회와 차등없이 지원을 해주었기에 안정적인 실험이 가능하였다.

이년간의 실험을 실시하였던 충남 공주시 당암리의 실험장은 백제문화재연구원(원장 서오선)의 행정복합도시발굴현장 사무실 뒤편에 위치한다. 여기에 실험장으로 쓰이는 공간은 물론 튼튼한 지붕구조물까지 설치해주고, 실험에 필요한 각종 제반시설을 이용할 수 있도록 박태우 실장을 비롯한 많은 분들이 배려해 주셨기에 연구를 원활히 마칠 수 있었다. 더욱이 불편함 속에서도 늘 인내해주고 지켜봐 주신 현장연구원들에게 너무도 큰 신세를 지게 되었다.

실험에 중요한 역할을 하였던 다채널온도측정기는 (전)충청문화재연구원 부설 한국고환경연구소의 김명진소장이 밤새워 손수 제작하는 등 다양한 온도측정이 가능하도록 힘써주었다. 실험의 진행에는 한국문화재조사연구기관협회(협회장 한창균)의 "야외고고학" 연구비 지원이 있었기에 가능하였다. 비록 모든 것이 부족했지만 어려움 속에서도 이처럼 여러 기관으로부터 연구지원을 받아 실험이 잘 마무리될 수 있었다.

한편, 한국 방문 때 우리 실험장에 방문하여 많은 조언과 특별원고까지 보내주신 "일본 부뚜막의 어머니" 토야마 선생(外山政子), 임신한 상태임에도 실험에 열심히 참석하여 우리를 감동시킨 나가토모 선생(長友朋子), 일면식도 없던 소장 연구회의 부탁에도 흔쾌히 패널사회를 맡아 훌륭하게 진행해 주신 홍보식선생, 소장 연구자들의 뜻을 이해하시고 한국고고학대회의 패널에서 발표할 수 있도록 지원해주신 한국고고학회의 최병현·이강승 전임회장과 운영위원분들을 비롯하여 여기에 거명하지 못한 많은 분들이 도움을 주셨다.

이렇듯 한없이 고마운 분들임에도 불구하고 모두가 자신을 내세워 자랑하기보다 보이지 않게 우리를 도와주셨기에 별다른 사고없이 실험을 마무리 지을 수 있었다. 다시 한번 머리 숙여 감사인사를 드립니다.

그리고 이 책의 간행을 3년 전부터 학수고대 준비하신 서경문화사의 김선경 대표에게는 입이 10개라도 할 말이 없을 만큼 미안함이 앞선다. 그래도 늘 미소로 인내하며 우리를 기다려주셨기에 그나마 이렇게 책으로 나올 수 있었던 것 같아 거듭 감사인사를 드리고 싶다.

3년 전 4월, 시작한 우리의 작은 실험이 이제 한권의 책으로 정리되어 나오게 된다니 참으로 감회가 새롭다. 어느새 연구실 창 밖으로 펼쳐진 중랑천변으로 벚꽃이 만개하였다. 하지만 올해도 저 꽃길을 걸어보지 못한 채 조용히 연구실 구석에서 바라보는 것으로 만족해야 할 것 같다. 마지막 교정지를 붙잡고 있는 나와 우리 연구회 식구들에게 4월은 여전히 잔인한 달이다.

이제 우리 음식고고탐구회가 시작한지 다섯 해가 되었다. 올해의 신년모임은 영하 30도의 오대산 등정을 시작으로 첫걸음을 움직였다. 아직 우리가 가야할 음식고고의 연구행로가 아득하기에 그 뜻을 더욱 벼리기 위해서이다. 언제나 牛步千里의 심정으로 쉼 없이 음식고고 연구의 길을 걷는 모임이 되고자 한다.

2011. 4

저자들을 대표하여 오 승 환 씀

V. 맺음말 _ 123

I
머리말

　　2000년대 들어 한국고고학의 조사 성과는 이전에 비해 많은 부분 비약적인 증가를 보여주었다. 그 중에서도 주거·취락유적에 대한 조사는 특히 두드러진 성과를 보여주었다. 이처럼 주거·취락유적에 대한 조사가 급증하게 되면서 주거지와 취락에 대한 관심도 이전보다 훨씬 커지게 되었으며 연구 관점 또한 점차 다양해졌다. 이전까지는 주거형태의 변화에 따른 편년과 내부시설의 성격 규명에 주로 집중되었다면, 이제는 취락의 구성요소, 경관, 농경 및 생업경제, 식생활에 이르기까지 다양한 분야로 그 관심영역이 확장되었기 때문이다.

　　특히 최근 들어 음식문화에 대한 관심도 커지고 있는데 이는 무엇보다 주거지 내에 설치된 부뚜막과 쪽구들에 대한 조사가 많아진 점과 무관하지 않다고 본다. 이러한 관심과 성과를 바탕으로 2006년에는 음식문화에 대한 고고학적 연구를 목적으로 食文化探究會가 결성되어 제30회 한국고고학전국대회의 제1회 자유패널에서 "취사형태의 고고학적 연구"라는 성과가 발표되기도 하였다(食文化探究會 2006).

　　아직까지 한국고고학에서 음식문화에 대한 연구 수준은 일천한 자료와 기존의 성과만을 가지고 해결해 나가기에는 한계가 있다. 이는 무엇보다 실제적 접근이나 검증과정 없이 발굴자료에 대한 1차적 관찰에만 의존하는 기존의 연구방식으로는 구체적인 이해나 성격의 파악이 요원하기 때문이다. 이러한 한계를 극복하기 위한 방안으로 우리나라보다 연구가 많이 이루어진 일본고고학의 성과를 무비판적으로 차용하기도 하였다. 하지만 우리와 다른 이용방식이나 형식, 용어 등의 차이를 간과한 결과 문제점들이 드러나게 되었다. 바로 이러한 문제에 대한 해결방안으로 민속·민족지적 자료를 이용한 검증과 실험을 통한 분석의 필요성이 더욱 대두되기도 하였다.

이러한 필요성에 따라 점차 여러 곳에서 취사 실험이 시도되어 주목을 받기도 하였으나 대체로 실험대상에 대한 시대상황을 제대로 반영하지 못하였거나 실제적인 사용 형태와는 동떨어진 경우도 많았다. 게다가 방법론적 접근에 있어서도 실험을 통해 노출되는 문제의식의 반영이나 수정과정이 생략된 채 지속적으로 반복 실시되는 경우도 있었다. 이러한 원인으로는 장기적인 연구계획이나 목표설정의 부족, 각 실험주체 간의 상호연계나 교감 없이 개별적인 실험방식을 고수하면서 나타나는 경험과 역량축적의 부족, 일회성 행사방식이나 이벤트적인 성격에서 오는 한계 등을 들 수 있을 것이다. 그러나 더욱 중요한 문제는 이러한 취사실험 활동이 이후 공식적인 보고나 분석된 결과물로 이어지지 않은 점이라 할 수 있다. 사정이 이러하다보니 취사실험의 방식이나 성과는 지난 10여년 전과 지금의 상황이 크게 다르지 않으며 성과물로 제시된 자료 역시 대체로 비슷한 실정이다.

바로 이러한 문제들을 조금이나마 해결하기 위해 우리 연구회에서는 부뚜막과 시루를 제작하고 취사실험을 실시하여 이를 분석하고 연구자료로 활용할 것을 계획하였다. 이를 통해 지금까지 막연한 추정에 그쳤던 삼국시대의 취사형태를 더욱 적극적으로 밝혀보기 위함이다. 물론 우리 연구회만의 작은 역량으로 모든 문제나 의혹들을 일거에 해소할 수는 없을 것이다. 하지만, 지속적인 취사실험을 통해 여기에서 제기되는 문제들을 점차 하나둘씩 해결해나갈 것으로 생각하였다.

따라서 이 취사실험의 목적은 기존자료의 검토나 재확인이 아닌 적극적이고 구체적인 실험고고학적 접근을 통해 삼국시대의 취사형태와 음식물의 상관관계를 밝히려는데 있는 것이다. 그리고 그 목적은 본 연구회가 지난 2006년 한국고고학전국대회에서 발표한 바 있는 "취사형태의 고고학적 연구"의 연장선상에서 이루어지고 있는 것이라 할 수 있다(食文化探究會 2006).

이에 따라 고고자료를 토대로 음식문화를 복원하기 위한 실험자료로서 대상자료 비교적 풍부한 서울·경기·충청·전라도지역의 삼국시대 부뚜막과 취사용기를 대상으로 선정하였다. 그리고 대상지역은 다시 세부속성에 따라 서울과 경기도지역, 충청도와 전라도지역으로 대별되었다. 따라서 실험방식을 두 지역의 특징을 가지는 부뚜막과 취사용기를 각각 제작하여 동일한 비교실험을 실시하고자 했다.

그 이유는 실험이 하나의 지역권만을 주요대상으로 삼거나 전체지역을 아우르는 평균치에 맞추어 제작하고 실험을 한다면 어느 한 지역만의 특수성이 전체의 보편적인 양상으로 이해되거나 독특한 지역적 특색과 성격을 규명하는데 어려움이 많기 때문이다. 이에 따라 서울·경기지역과 충청·전라지역의 세부속성에 따른 차이를 반영하여 부뚜막과 심발형토기, 장란형토기, 시루의 3가지 기종을 실험대상으로 선택하였다.

부뚜막은 삼국시대의 주거지 가운데 잔존상태가 비교적 양호한 서울경기권의 하남 미사리유적 고려대 040호 주거지(윤세영·이홍종 1994)와 충청전라권의 익산 사덕유적 9호 주거지(호남문화재연구원 2007)를 실험대상의 모델로 선정하였다. 실험대상의 모델로 선정된 부뚜막은 보고서에 제시된 사진과 도면을 참고하여 실제형태와 규모, 솥걸이, 솥받침 등의 내부시설, 제작방식, 재료 등을 최대한 원형에 가깝도록 축조하였다.

부뚜막과 달리 취사용기는 각 지역의 출토유물을 추출하여 동일하게 제작하는 대신 지역별 평균수치에 맞추어 제작하였다. 특히 취사용기는 미리 수축률을 예상하여 기종별로 크기와 두께, 제작방식 등의 차이까지도 계산하고자 노력하였다.

실험방식은 각 지역권에 따라 제작된 부뚜막, 시루, 장란형토기를 대상으로 동일한 방식에 따라 반복적으로 실시하여 데이터를 축적하고자

하였다.

실험과제로 1차년도(2008년)에는 부뚜막에 장란형토기를 이용하여 밥을 짓기로 하였다. 그 이유는 삼국시대의 주거지 내에서 부뚜막 주변으로 장란형토기가 다수 출토되는데다 취사용기의 특징인 연질토기이기 때문이다. 따라서 장란형토기가 과연 일상적인 취사용기였는지 그리고 사용되었다면 어떠한 형태였는지를 밝혀보기로 하였다. 실험을 통해 장란형토기에 대한 성격이 어느 정도 규명된다면, 이를 바탕으로 향후 시루나 심발형토기와의 관계설정은 물론 당시의 취사형태에 대해서도 어느 정도 이해가 가능해질 것으로 생각하였기 때문이다.

이를 위해 부뚜막과 장란형토기에는 여러 개의 온도계를 설치하여 온도변화를 통한 취사에 따른 변화들을 다양하고 면밀하게 밝혀볼 계획이다. 여기에는 부뚜막의 유지기간과 장란형토기의 사용가능 횟수, 취사에 따른 연료 소비량의 관계, 토기 내외면에 나타나는 다양한 변화과정, 온도변화에 따른 음식물의 변화과정 등을 시간대별로 수치화하는 등의 검토까지도 계획하였다.

실험형태는 장란형토기에 물 끓이기와 밥 짓기의 2가지 형대를 반복적으로 실시하고자 하였다. 초기계획 단계에서는 국끓이기, 죽끓이기, 나물데치기 등도 함께 준비하였으나 실험의 밀도를 높이고 집중과 반복실험에 치중하기 위해 제외하였다.

그리고 매번 실험을 실시한 다음에는 부뚜막의 경우, 사용 중 나타나는 소결, 갈라짐(크랙현상), 무너짐, 배연상태에 대한 다양한 변화의 추이뿐 아니라 물론 부분적인 보수나 수리관계에 대해서도 살펴보고자 하였다. 장란형토기는 취사횟수에 따른 수명관계, 온도에 따른 내외부의 변화, 내·외면의 사용흔 및 취사흔에 대해 육안식별, 정밀실측, 사진촬영을 통해 검토하기로 하였다.

이상과 같은 준비를 바탕으로 실시된 1차년도(2008년)의 실험을 통해 제시된 결론과 고고자료를 비교·분석한 결과, 장란형토기의 기능을 어느 정도 밝혀낼 수 있게 되었다(食文化探究會 2008b). 그러나 장란형토기 외에 밥을 짓는데 쓰이는 기종에 대한 의문을 해소하기 위해서는 새로운 실험계획을 수립해야만 했다. 이에 따라 부뚜막 주변에서 출토되는 비율이 매우 높은 시루를 대상으로 실험을 계획하였다. 실험의 목적은 지난 1차년도(2008년) 실험에서 제기된 여러 문제들을 해결하는 한편 장란형토기에 시루를 올려 밥을 짓는 실험을 통해 삼국시대의 취사형태를 밝히는데 두었다.

이러한 목적에 따라 2차년도(2009년)에는 시루와 장란형토기 뿐만 아니라 심발형토기도 함께 제작하여 취사실험을 동시에 진행하기로 하였다. 장란형토기 역시 1차년도(2008년) 실험 도중 대부분이 파손되어 새로이 제작하였다. 특히 장란형토기에는 태토에 비짐을 더욱 보강하였으며, 처음으로 시루와 심발형토기도 제작하게 되었다. 다만 부뚜막은 1년이 지났어도 사용에 큰 문제가 없어 일부 보수를 실시한 다음 그대로 사용하였다. 이유는 1차년도(2008년)의 실험과 동일한 부뚜막을 이용할 때 좀 더 객관적인 비교검토가 가능하기 때문에 이를 그대로 사용할 필요가 있었기 때문이다.

2차년도(2009년) 실험에서는 시루와 장란형토기를 취사 시간대별로 각 부분의 온도변화 과정을 다각적으로 측정하기 위해 토기 내부에만 다채널온도측정기의 센서를 설치하여 검토하였다. 취사에 사용된 곡물은 삼국시대에 주로 출토되는 쌀, 콩, 보리, 조, 팥 등을 가공하지 않은 상태 그대로 이용하기로 하였다.

실험방식은 대체로 1차년도(2008년)와 거의 같으며, 실험목록에 취사시간대별 시루와 장란형토기의 내·외면과 시루 내 곡물의 온도변화, 곡물과 수분의 증감 등을 수치화하는 것과 밥의 완성도에 대한 검토를 추가하였다. 이는 일련의 취사실험을 통해 지엽적이나마 삼국시대의 취사방식과 곡물재료, 기후·온도·연료별 취사효율 및 시간차가 어느 정도 나타나는지를 밝히기 위해서이다. 이번 실험과 분석을 통해 제시된 결과물들은 향후 고고자료에 대한 해석의 기초자료로서 활용함은 물론, 한국고대의 취사형태에 대한 이해의 폭을 넓히는 시발점이 되기를 기대하는 바이다.(오승환)

(1) 한국의 조리 실험에 관한 연구동향

한국에서의 조리실험은 1990년대 초반부터 국공립 박물관을 중심으로 사회교육 프로그램의 일환으로써 진행해 오고 있다. 대체적으로 한국에서 조리와 관련된 실험은 대중적인 관심과 체험의 일환으로부터 시작되었고 볼 수 있다.

그렇지만 이러한 방식으로 진행된 조리실험의 경우 당시 사람들의 식생활을 복원하기보다는 현대적 식생활이 반영된 실험사례가 많다. 청동기시대 무문토기 발에 밥을 끓여 먹는다든지, 각종 야채를 넣어 국을 끓여 먹는 등이 예가 그것이다. 즉, 실험에서 인위적으로 설정한 조건이 고고학적 자료에 근거한 것인가에 대한 의문이 제기된다. 그런 면에서 '실험고고학이란 과거와 동일한 조건에서 실험적으로 그 용도를 연구하는 학문'이라는 정의(국립문화재연구소 2003)속에 '동일한' 이라는 조건을 채우지 못한 경우가 많다고 할 수 있다.

2000년대 들어와 취사시설의 제작과 조리실험은 이영덕(2004)에 의해 시도되었다. 그는 익산 사덕유적의 발굴성과를 바탕으로 부뚜막을 제작·복원하였다. 발굴된 부뚜막의 상태가 양호하지 않았고, 잔존높이 30cm 그대로 복원실험에 적용하였다. 그러다 보니 아궁이가 낮아 큰 화목은 연료로 사용할 수 없어서, 숯으로 연료를 대체했다. 이 실험은 기존의 발굴성과를 기반으로 당시의 부뚜막을 그대로 복원했다는 의의가 있지만, 발굴 상태가 양호한 부뚜막이라도 천정부가 그대로 현존하는 경우는 거의 없다. 따라서 부뚜막 복원에서 가장 중요한 천정 높이라던가 연료의 사용방법 및 종류는 추정하기 어렵다는 한계가 있었다. 또한 시루를 이용해 떡을 찌는 조리실험도 그 결과를 고고자료와 비교하여 설명하는데 근거가 미약한 실험이었다.

이후 국립김해박물관에서 진행한 신석기시대 토기의 제작과 소성 및 조리실험 결과가 보고(任鶴鍾·李政根 2006)된 바 있으나, 여기에서 진행한 조리실험은 소성실험의 부수적 차원에서 진행되었고 토기에 물을 담아 끓여도 흙탕물이 나오지 않는다는 일반적 견해를 끌어낼 뿐이었다.

따라서 지금까지 살펴본 조리실험은 대개가 간헐적이며 다른 실험에 부수적인 차원에서 진행되었다고 할 수 있다. 따라서 우리 연구회의 이번 실험은 이러한 한계를 극복한 최초의 사례라고 할 수 있다.

이번 실험을 통해 설정한 실험고고학으로서 조리실험은 다음과 같은 준비와 진행이 필요하다.

① 실험 대상의 선정
② 양호한 고고자료의 선별과 제작
③ 구체적 실험 내용 선정 및 기록지 작성
④ 조리실험
⑤ 실험결과와 고고자료의 비교와 검증
⑥ 고고자료의 해석

①은 대상이 되는 유적과 유물, 시기를 선정하는 것이다. ②에서 말하는 '양호한 고고자료'란 완형의 토기와 형태가 가장 잘 남은 취사시설을 지칭한다. 더불어 가능하다면 같은 유구 내의 것을 선별하는 것이 좋다. 이렇게 선별된 토기는 태토, 기형, 크기, 사용흔을 관찰한 후 원형에 가깝게 제작한다. 조리시설의 경우도 선별된 유구의 것과 동일한 조건하에서 제작한다. ③은 실험을 통해 획득할 결과를 구체적으로 추정하고, 이에 따른 실험조건을 조율하는 것이다. 예를 들어 토기에 물을 끓였을 때 남게 되는 흔적과 기타 유기물을 넣고 끓을 때 남게 되는 흔적 등 비교 가능한 조건을 선정한다. 이때 유기물의 경우 고고자료에서 확인된 탄화곡물 등의 자료를 바탕으로 고른다. 또한 조리 당시의 온도변화 및 소요시간, 연료량 등의 조리조건과 실험과정을 기록할 준비를 한다. 또한 향후 실험을 위해 연료의 종류와 변화, 조리시설 상태의 여러 조건들과 맞물려 검토할 수 있는 기초 자료를 축적할 수 있도록 기록지를 세밀히 작성해야 한다. 자연과학에서 실험을 할 때는 동일한 결과가 30회 이상 도출되어야 일반적 현상으로 인정한다고 한다. 따라서 동일한 조건을 갖춘 다수의 실험을

통한 결론 도출과 검증이 반드시 전제되어야 한다.

⑤는 실험 결과를 고고자료와 비교 검토하는 것이다. 특히 조리 실험에 있어서 토기에 남겨진 사용흔과 실제 고고자료와의 비교를 통해 고

심발형토기 실험기록지

실험 날짜	2009. 4. 26	날씨	맑음	기록자	한지선
실험토기	사벌경질토기 ① 굵은입자 (두께×10㎜)			실험회차	1차
토기 설치 상태	지면위 설치 (습도 37%, 25.4℃)				
조리내용물	쌀 250g + 현미 150g / 물 1ℓ		연료량		장작 500g + 200g + 참숯 300g
조리시작 시간 / 온도 / 습도	11:20 / 25.4 / 39%		끓어오른 시간 / 온도 / 습도		11:45 / 90℃ / 34%
끓어넘친 시간 / 온도 / 습도	/ /		음식이 완성된 시간 / 온도 / 습도		12:10 / /
토기에 남은 흔적					

		탄착흔	그을음		
A(外)	탄착흔	×			
	그을음	○			
A(內)	탄착흔	×			
	그을음	○			
B(外)	탄착흔	×			
	그을음	○			
B(內)	탄착흔	○			
	그을음	○			
바닥(外)	탄착흔	×			
	그을음	일부			
바닥(內)	탄착흔	×			
	그을음	×			
불의 세기 변화					
불과의 위치 관계					
음식물의 조리 상태			기타 특이 사항		

고자료에 남겨진 흔적이 무엇을 끓인 것인지 유추할 수 있다. 또한 끓이는 물질에 따라 어떤 흔적이 남는지를 기록하는 것도 향후 고고자료의 분석에 활용될 수 있기 때문에 실험토기의 변화에 대해 상세히 기록해야 한다. ⑥의 고고자료의 해석이 실험을 통해 얻을 수 있는 가장 중요한 결론이다. 이러한 조리실험으로 통해 확인된 결과는 과거 사람들은 어떤 식생활을 영위했는지를 검토할 수 있는 토대가 된다. 이번 실험은 음식고고연구회에서 설정한 순서에 맞춰 실시되었다. 첫 실험이기에 다수 오류가 있을 수 있지만, 발생될 모든 문제 상황은 앞으로의 실험결과를 축적시키면서 보완할 것이다. (한지선)

II

실험의 준비

1. 실험장 준비

실험장은 취사실험이 주말에 진행되어야 하므로 실험장은 접근성이 용이한 대전 부근에 만들기로 하였다. (재)백제문화재연구원의 협조를 얻어 행정중심복합도시 건설과 관련되어 발굴조사가 진행되고 있는 충청남도 공주시 장기면 당암리 279번지 양촌마을에 실험장을 만들었다.

먼저 실험장의 규모는 실험용 부뚜막 2개와 땔감을 쌓을 수 있는 공간, 각종 실험장비를 설치하여 실험을 진행할 수 있는 공간을 고려하여 가로 10m, 세로 6m인 장방형으로 계획하였다. 또한 약 80cm의 굴착을 통해 수혈식으로 실험장을 제작하였는데, 이는 백제 주거지의 일반적인 형태에 따른 것이다.[1]

작업은 굴삭기를 이용해 철거된 주택의 잔해물을 제거한 후 성토 및 정

---

[1] 백제시대의 주거지는 한성기에는 타원형계·방형계·육각형계 등 다양한 형태의 수혈주거방식을 보이다가, 웅진기로 이어지면서 수혈식주거지는 지속되면서도 대벽건물지 등 지상화된 건물지들이 등장하기 시작하며, 사비기에는 전통적인 수혈주거방식은 그대로 존속되지만 그 비중은 줄어들고, 사면을 굴착하거나 정지하여 굴립주나 대벽건물지 형태의 기둥을 세우고 주변에 배수구를 돌리는 형태의 지상화된 건물지가 보편화된다(경기도박물관 2006, 이건일 2009).

● 도 1. 실험장 만들기
（① 실험장 규모(가로 10m, 세로 6m) ② 실험장 깊이(80cm 내외) ③ 실험장 전경 1 ④ 실험장 전경 2）

지하여 평탄한 대지를 만들었다. 그리고 우천시 실험진행 및 실험장 보호를 위해 가로·세로 12m되는 가설 덧지붕을 씌운 후 낙숫물이 떨어지는 4면에 배수구를 만들었다. 마지막으로 각종 실험장비와 취사용기를 보관할 수 있는 컨테이너 사무실을 설치하였다.

2. 부뚜막 제작

1) 고고자료 검토

부뚜막은 아궁이부에서 굴뚝부로 이어지는 평면형태에 따라 굴곡 없이 직선으로 이어지는 'ㅣ자형', 아궁이부에서 한번 꺾인 후 직선으로 고

래부 및 굴뚝부로 이어지는 '굴절형', 굴뚝부가 한번 더 꺾이는 '이중굴절
형', 원형이나 타원형인 주거지의 벽면을 따라 만들어진 '곡선형'으로 구
분된다(김규동 2002, 류기정 2003).

백제 한성기에 사용된 부뚜막의 평면형태를 살펴보면, 지역에 따라 차
이가 있음을 알 수 있다. 서울경기권에서는 'ㅣ자형', '굴절형', '이중굴
절형' 등이 확인되고 있지만, 그중에서도 'ㅣ자형'의 빈도가 가장 높다.
그리고 이러한 'ㅣ자형' 부뚜막 중 폭도 넓고 고래부가 길게 발달한 대형
부뚜막은 평면형태가 육각형을 이루고 출입구가 부가된 대형주거지를 중
심으로 확인되고 있으며, 폭이 좁고 고래부도 짧은 부뚜막은 소형의 (장)
방형이나 타원형 주거지를 중심으로 확인되고 있다(경기도박물관 2006).
그리고 서울경기권에서 조사된 부뚜막은 석재로 골조를 제작하고 점토 피
복을 한 경우와 봇돌을 세우고 나머지를 점토로 제작한 경우, 순수 점토로
만 제작한 경우 등의 제작방식이 확인된다. 이중에서 석재를 사용한 경우
는 대개 대형의 부뚜막에, 점토를 사용한 경우는 중·소형의 부뚜막에서
다수 확인된다(한지선 2009).

한편 이 시기 충청전라권에서도 'ㄱ자형', 'ㄇ자형' 등 '굴절형', '이
중굴절형', 'ㅣ자형' 등 다양한 형태가 확인되고 있지만, 그중에서도 굴절
형의 비중이 가장 높고 '굴절형' 중에서도 'ㄱ자형'의 빈도가 가장 높다.
또한 점토만을 주재료로 사용하여 제작한 경우가 다수를 이룬다(식문화
탐구회 2008a).

한편 이러한 양상은 솥으로 사용된 장란형토기의 형태에서도 차이를
보인다. 상대적으로 아궁이부의 폭이 넓은 서울경기권의 솥은 구연부와
동체부의 지름이 모두 넓고 저부도 말각방형에 가까운 반원형으로 풍만한
형태를 이루고 있지만, 아궁이부가 서울경기권에 비해 상대적으로 좁은
충청전라지역권의 솥은 대부분 길고 세장하며 저부도 첨저나 반원형을 이
루고 있다(정종태 2003, 식문화탐구회 2008a). 따라서 부뚜막의 크기 및
형태가 솥의 모양과 관련이 있음을 알 수 있다.

먼저 실험의 모델이 되었던 백제 한성기의 대표적인 부뚜막관련 유구

를 살펴보면 다음과 같다.

① 하남 미사리 유적 서울대 B-2호 주거지(任孝宰 외 1994 : 도 2-①②)

남북으로 길쭉한 평면육각형의 주거지로 남쪽에 梯形의 출입구가 달려있으며, 주거지의 북동벽모서리에 부뚜막이 설치되어 있다. 장변이 500cm, 단변이 370cm 가량 되며, 출입구를 포함하는 전체 길이는 1,090cm, 폭은 690cm, 잔존 깊이는 50~60cm 가량 된다. 부뚜막은 'ㅣ자형'으로 높이 25~30cm 정도 되는 판석이나 길쭉한 천석을 세우고 점토를 발라서 벽체를 만들고, 판석을 덮어 천정을 만들었다. 솥받침은 네모나고 길쭉한 돌을 세우고 그 위에 심발형토기 저부를 엎어서 만들었다. 부뚜막의 규모는 길이 230cm, 아궁이 입구 너비는 85cm, 굴뚝부쪽 너비는 70cm이다.

② 하남 미사리 유적 고려대 040호 주거지(尹世榮 · 李弘鍾 1994 : 도 2-③)

장축이 792cm, 너비가 700cm의 타원형 평면에 길이 300cm, 입구 너비 300cm, 내부 너비 208cm인 梯形의 출입구가 달려있다. 내부에는 부뚜막 2기가 설치되어 있는데, 이 중 비교적 잔존상태가 양호한 b부뚜막을 보면, 'ㅣ자형'으로 높이 35cm 내외의 판석을 연결하여 세워쌓아 기본 골조를 만들고 외면을 점토로 발라서 벽체를 만들었다. 부뚜막의 고래부 내부에서 판석이 확인되는 것으로 보아 천정을 판석으로 올려 마치 사각형의 상자형으로 만든 후 점토로 피복한 형태이다. 솥받침은 네모나고 길쭉한 돌을 세워서 이용하였으며, 연도부는 약간 우측으로 꺾여 나가는 형태이다. 부뚜막의 규모는 길이 210cm, 판석만 남은 아궁부의 입구너비는 82.5cm이다. 굴뚝부는 내부의 판석과 외부의 점토피복부분이 잘 남아 있다. 내부의 판석 너비는 45cm이고 외부의 점토피복부분 너비는 93cm로 굴뚝부쪽은 점토를 20~30cm 두께로 피복하였다.

③ 익산 사덕 유적 9호 주거지(湖南文化財硏究院 2007 : 도 2-④)

가로 325cm, 세로 250cm인 장방형주거지로 깊이는 95cm정도 남아있다. 부뚜막은 북동벽에 점토를 이용하여 'ㄱ자형'으로 설치되었다. 부뚜막의 규모는 아궁이부의 길이가 65cm, 'ㄱ자'로 꺾여 벽으로 이어지는 고래부는 길이가 125cm 정도이다. 비교적 잘 남아있는 아궁이부를 보면 벽체를 포함한 외부 너비는 75cm, 내부 너비는 40cm, 벽체의 두께가 15~20cm 정도 된다. 고래부의 내부 너비는 10cm 내외로 좁은 편이다. 솥받침은 높이 9cm 정도되는 석재를 세워 점토로 보강하여 만들었다.

이러한 고고자료의 검토를 통하여 취사실험에 사용될 부뚜막은 서울경기권의 'ㅣ자형' 부뚜막 1기와 충청전라권의 'ㄱ자형' 부뚜막 1기를 제

표 1. 백제 한성기의 대표적 부뚜막 제원표

유구	주거지 형태	평면 평태	길이 (cm)	너비(cm)		벽체 두께	축조 재료
				아궁이 입구	굴뚝부		
하남 미사리 서울대 B-2호주거지 부뚜막	육각형 +제형출입구	ㅣ자형	230	85	70	·	판석조
하남 미사리 고려대 040호주거지 b부뚜막	타원형 +제형출입구	ㅣ자형	210	82.5	45	20~30	판석조
익산 사덕 9호 주거지 부뚜막	장방형	ㄱ자형	아궁이 65 고래 125	외부 75 내부 40	내부 10	15~20	토조

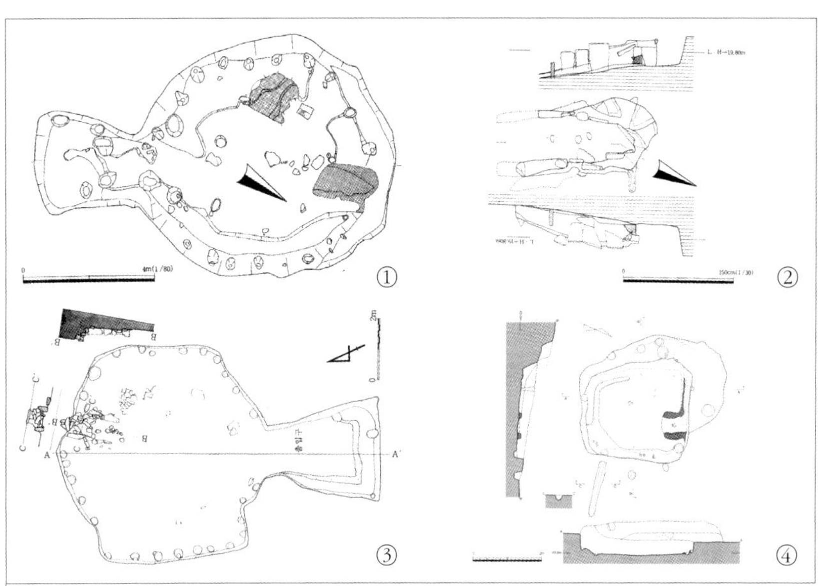

● 도 2. 백제 한성기의 주거지 및 부뚜막

① 하남 미사리 고려대 040호 주거지 ② 하남 미사리 고려대 040호 주거지 부뚜막세부 ③ 하남 미사리 서울대 B-2호 주거지 부뚜막 ④ 익산 사덕 9호 주거지 및 부뚜막

작하기로 하였다. 그리고 판석을 이용해 기본 골조를 만들고 점토를 피복한 평면 'ㅣ자형'을 '서울경기권 부뚜막'으로, 점토만을 이용해 만든 평면 'ㄱ자형'을 '충청전라권 부뚜막'으로 명명하였다.

2) 부뚜막 설계

이상에서 살펴본 내용을 바탕으로 '서울경기권 부뚜막'과 '충청전라권 부뚜막'에 대한 설계도를 만들었다. '서울경기권 부뚜막'은 길이 200cm, 아궁이 입구 너비 75cm, 고래부 끝의 너비 30cm, 높이는 30~70cm 내외로 제작하였다. 그리고 '충청전라권 부뚜막'은 아궁이부의 길이 50cm, 'ㄱ자'로 꺾여 벽으로 이어지는 고래부는 길이 190cm로, 아궁이의 외부 너비(벽체 두께 포함) 50cm, 내부 너비 25cm로, 고래부의 외부 너비는 50cm, 내부 너비 20cm로, 높이는 40cm내외로 모델화하였다. 이것을 모식도로 나타내면 다음의 〈도 3〉과 같다.

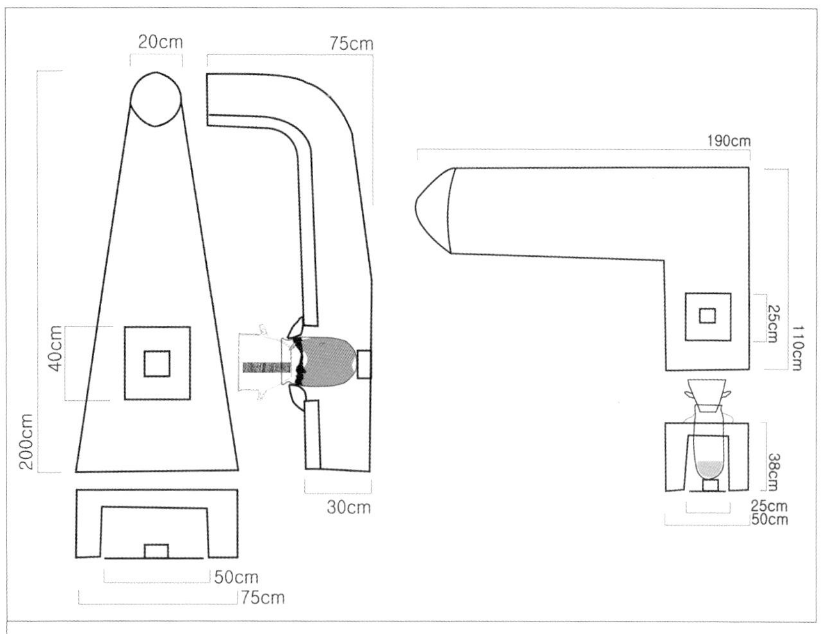

● 도 3. 서울경기권 부뚜막(좌)과 충청전라권 부뚜막(우) 모식도(食文化探究會 2008b 수정계재)

3) 부뚜막 제작

(1) 예비작업

① 점토 준비 : 부뚜막 제작에 필요한 재료 중 점토는 대전광역시 유성구 학하동
인근에서 채토하여 준비하였다.

② 석재 준비 : 서울경기권 부뚜막의 기본 골조로 사용될 판석과 솥받침으로 사
용될 할석은 실험장이 위치하고 있는 당암리 인근의 철거된 집터 내에 남아있
는 구들장과 담장을 만들 때 이용된 할석을 수습하여 준비하였다.

③ 점토 채질하기 : 준비된 점토를 채질하여 이물질을 골라낸다.

● 도 4. 부뚜막 제작을 위한 예비작업
　　　① 점토 준비 ② 석재 준비 ③ 점토 채질하기 ④ 혼합토(점토＋마사토) 만들기 ⑤ 점토 반죽하기 1 ⑥ 점토
반죽하기 2

④ 혼합토 만들기 : 준비된 점토와 실험장 주변에서 쉽게 구할 수 있는 마사토를 많이 섞어 사질성분을 높여 혼합토를 만들었다.

⑤ 점토 반죽하기 : 물을 적당히 섞어 약간 되게 반죽을 하였다. 처음에는 손으로만 작업을 진행하였는데 흙의 양이 많아 반죽작업이 쉽지 않았다. 이후 요령이 늘어 일정한 간격으로 지속적으로 발로 점토를 밟아서 반죽을 하니 기포도 손쉽게 제거되고, 점성도 함께 높일 수 있었다.

표 2. 부뚜막 제작의 예비 작업 과정

	제작순서	부뚜막 제작의 예비 작업 과정
①	점토 준비	부뚜막 제작에 사용될 점토 채취
②	석재 준비	평편한 석재를 구하기 위해 주변 구들장 등을 재이용하여 석재 준비
③	점토 채질하기	채집한 점토의 이물질 제거
④	혼합토 만들기	준비된 점토와 마사토를 함께 섞음
⑤	점토 반죽하기	발을 이용하여 반죽하여 기포를 제거하고 점성을 높임

⑵ 서울경기권 부뚜막 제작

① 밑그림 그리기 : 실험장 바닥을 고르게 정리하고 밑그림을 그렸다. 크기를 보면 아궁이부의 입구는 외부 너비 78cm · 내부 너비 55cm, 고래부 끝이 수혈벽에 닿는 부분은 외부 너비 40cm · 내부 너비 20cm, 전체길이 180cm이다. 밑그림의 라인이 잘 보이도록 페인트칠을 하였다.

② 기본골조 만들기 : 판석을 선별하여 바닥에 그려진 설계도에 올려놓고 가상의 골조를 만들었다. 이맛돌은 너비 20~30cm, 길이 70cm 정도 되는 판석 1매, 봇돌은 높이 35~40cm, 너비 10~20cm 정도 되는 각진 할석 2매를 준비하였다. 부뚜막 천정석은 가로 35~68cm, 세로 30~50cm 정도인 장판석 2매, 벽석은 높이 35~40cm, 길이 30~50cm 정도인 판석 6매를 준비하였다. 그리고 솥받침으로 사용할 할석은 높이 20cm, 너비 최대 12cm 정도이며, 장란형토기의 바닥과 닿는 부분에 편평한 할석을 준비하였다.

바닥을 굴착하고 판석을 세워 기본 골조를 만들었다. 이때 판석의 형태에 주의하며 굴착과 세우는 작업을 진행했다. 봇돌과 벽석은 편평한 면이 위로 가도록 설치했다. 이는 이맛돌이나 천정석이 잘 올려 지게 하기 위한 것이다. 처음에는 평평한 면이 땅속에 묻히게 하는 것이 작업에는 유리하였으나, 천정석을 올리는 단계가 되니 면을 평평하게 맞추기가 매우 어려웠다. 여러 차례에 걸친 반복 작업 후 벽석은 평평한 면이 위로 가도록 하고 모난 부분을 땅속에 묻고 이로 인해 비는 공간은 점토와 작은 석재로 채웠다.

③ 솥받침 세우기 : 다음에는 설계도면에 따라 아궁이의 바닥면을 굴착하고 준비

해둔 솥받침용 할석을 세웠다. 아궁이의 바닥면은 중앙을 약간 깊게 만들었으며 솥받침의 높이는 약 11cm 정도로 하였다.

④ 이맛돌 올리기 및 솥걸이부 만들기 : 봇돌 → 아궁이부 벽석 → 고래부 벽석을 모두 세운 다음 미리 준비한 이맛돌을 올렸다. 그 다음에는 솥걸이부 작업을 하였다. 이맛돌에서 34cm 정도 떨어져 아궁이부 천정석을 올렸다. 이맛돌과 아궁이부 천정석에 직교하는 판석을 올리고 점토로 빈틈을 막아 방형의 솥걸이를 완성하였다. 이렇게 만들어진 솥걸이 크기는 가로 31cm, 세로 34cm이다.

⑤ 고래부 천정부 만들기 : 미리 준비해둔 판석으로 고래부의 천정석을 올려 기본 골조를 완성하였다. 그리고 솥받침의 높이를 조정하였는데, 실험에 사용될 서울경기권 장란형토기를 부뚜막에서 올려보면서 장란형토기 기고의 80% 정도가 아궁이 내부에 위치하도록 하였다.

⑥ 굴뚝부 만들기 : 굴뚝부는 수혈의 벽면을 너비와 깊이가 20cm정도 되는 반원형으로 수직에 가깝게 굴착한 후 전면에 세장한 판석 1매를 덮고 점토로 밀봉하여 만들었다. 그런데 초벌불때기 과정에서 배연이 원활하지 않음을 알게 되었다. 그 이유는 고래부의 내부에 흙을 채워 경사지게 만들면서 고래부의 내부 공간이 좁아졌기 때문이었다. 이에 따라 굴뚝부 및 고래부를 뜯어내고 공간을 넓히는 작업을 실시하였다. 처음에 경사진 고래부 바닥면을 만들기로 한 것은 경사진 형태가 발굴조사에서도 확인되고 있는 점을 고려한 것이었다. 그런데 금번에 만든 부뚜막은 아궁이부에서 굴뚝부로 이어지는 벽체가 수평을 이루고 있는 형태이므로 이러한 상황에서 내부에 흙을 채워 바닥면을 경사지게 만들게 되면서 고래부의 내부 공간이 줄어든 것이다. 즉 고래부 내부의 바닥면이 경사지면 천정부도 경사지게 만들어야 배연작용이 용이하다는 것을 알게 되었다.

⑦ 점토 입히기 : 기본골조가 완성된 후 연기가 새지 않도록 외면을 점토로 피복하고 물손질하여 매끈하게 마무리 하였다.

⑧ 건조 및 보수 : 처음 건조되면서는 거북이 등처럼 심하게 갈라져 점토로 보수작업을 하였다.

⑨ 초벌 불때기 : 건조 및 보수가 끝난 후 초벌불때기를 하여 건조 및 연기가 잘 빠지는지 확인하고 추가로 보수작업을 한 후 취사실험을 진행하였다.

⑩ 완성 : 취사실험을 진행하면서도 간간히 갈라지는 벽체에 대한 보수작업이 필요하다. 점차 실험을 거듭할수록 점토가 단단해져 보수의 횟수는 줄어들었다.

● 도 5. 서울경기권 부뚜막 제작과정
① 밑그림 그리기 ② 기본골조 만들기 ③ 솥받침 세우기 ④ 이맛돌 올리기 ⑥ 굴뚝부 만들기 ⑦ 점토 입히기 ⑧ 건조 시키기 ⑨ 초벌 불때기 ⑩ 완성

표 3. 서울경기권 부뚜막의 제작과정

	제작순서	서울경기권 부뚜막
①	밑그림 그리기	선정된 모델을 바탕으로 설계도를 만들고, 실험장 바닥에 페인트로 밑그림을 그림
②	기본골조 만들기	할석으로 봇돌을 세우고 그 뒤로 판석을 이용해 'ㅣ자형'의 벽석을 세움. 판석 사이의 빈공간은 점토와 작은 할석을 이용해 보강함
③	솥받침 세우기	할석재의 솥받침 세움
④	이맛돌 올리기 및 솥걸이부 만들기	봇돌위에 판석으로 된 이맛돌을 올리고, 세장한 판석을 이용해 솥걸이부를 방형으로 만듬
⑤	천정부 만들기	판석으로 고래부의 천정석을 올리고, 점토를 이용해 일차로 외피를 입혀 고정시킴
⑥	굴뚝부 만들기	수혈벽을 굴착하여 기본형태를 만들고 세장한 판석으로 덮고 점토로 고정함
⑦	점토 입히기	점토를 충분히 입혀 연기가 새지 않게 하고 물손질하여 매끈하게 마무리함
⑧	건조 및 보수	건조 후 갈라짐이 심하여 점토로 보수함
⑨	고래부 초벌 불때기	초벌불때기하여 건조 및 연기가 잘 빠지는지 확인하고 보수작업 후 마무리함
⑩	완성	완성 이후에도 실험때마다 조금씩 갈라지는 부위에 대해 보수를 실시

(3) 충청전라권 부뚜막 제작

① 밑그림 그리기 : 실험장 바닥을 고르게 정리하고 페인트로 밑그림을 그렸다. 규모를 보면 아궁이부의 입구는 외부 너비 50cm · 내부 너비 28cm, 길이 60cm이다. 'ㄱ자'로 꺾여 실험장 벽까지 이어지는 고래부는 길이 175cm · 너비 54cm이다. 솥받침은 아궁이 입구에서 30cm 정도 떨어져 있고, 솥걸이는 가로 28cm · 세로 27cm인 방형으로 만들었다.

② 아궁이부 점토벽체 만들기 : 벽체를 만들기 위한 점토는 수분을 적게 하여 되게 반죽한 것을 이용하였다. 실험장 바닥에 그려진 밑그림에 맞춰 점토를 두 주먹정도 크기로 뭉쳐 계속 붙여나가고 나무판으로 두드리면서 형태를 잡았다. 아궁이부는 양쪽 벽을 갖춘 '11자형'으로 만들었다.

③ 고래부 점토벽체 만들기 : 아궁이에서 'ㄱ자'로 꺾여 실험장 벽체로 이어지는 고래부 벽체 만들기는 1번 시행착오를 거쳐 만들어졌다. 처음에는 고래부 벽체 중 실험장 벽에 닿는 부분은 점토벽체를 만들지 않고 벽면을 그대로 이용하였다. 즉, 아궁이부는 두 벽이 존재하는 '11자형'으로 만들었지만, 'ㄱ자'로 꺾이는 고래부의 벽체는 실험장의 내부 쪽에만 점토를 쌓아 만들었다. 이는 현재까지 충청전라지역에서 보고된 'ㄱ자형' 부뚜막자료를 보면 주거지 벽에 접한 고래부의 점토벽체 확인비율이 낮기 때문이었다. 그런데 점토벽체 완성 후 천정을 올리려고 하니, 천정부를 지탱할 수 있는 기본 골조가 없으면 천정부 만들기 곤란하다는 결론에 이르게 되었다. 또한 부뚜막이 확인된 충청

전라권 주거지 벽면에서는 천정의 기본 골조를 고정하기 위한 벽면 내 별도의 홈이 확인되지 않았다는 점에도 주목했다.

이러한 시행착오를 겪은 후 1차로 만들어진 부뚜막에 대한 보수작업을 진행하면서 실험장 벽에 붙여서 점토벽체를 다시 만들었다. 결과적으로 고래부도 두 벽이 존재하는 '11자형'이 되었다. 벽체의 두께는 20cm내외, 높이는 28~30cm 정도로 만들었다.

④ 솥받침 세우기 : 미리 준비해 둔 방형의 길쭉한 할석을 세워서 솥받침을 만들었다.

⑤ 천정부 만들기 : 천정부를 만들 때도 한 번의 시행착오를 겪었다. 점토 벽체를 완성 후 천정을 올리려고 해보니 판석으로 기본 골조를 만들고 그 위에 점토를 입힌 '서울경기권 부뚜막' 처럼 '충청전라권 부뚜막' 도 건조될 때까지 점토를 지탱해줄 기본 골조가 필요함을 알게 되었다. 고민 끝에 철거된 주택에 남아있던 베니어합판을 이용해 기본골조를 만들기로 하였다. 그런데 베니어합판을 올리려고 하니 점토벽체를 만든 쪽은 그냥 올리면 되었지만, 실험장 벽쪽에는 올릴 수가 없었다. 이에 따라 실험장의 벽면에 별도의 홈을 파서 베니어합판을 걸치도록 고정시켰다. 이렇게 완성된 기본 골조 위에 점토를 발라서 1차로 부뚜막을 완성할 수 있었다.

그런데 발굴된 자료를 보면 주거지의 벽면에 홈을 팠던 흔적은 확인할 수 없었고, 건조되는 과정에서 베니어합판이 피복된 점토의 무게를 이기지 못해 가운데로 휘어져 다시 만들어야 하는 상황이 발생했다. 이는 천정을 만들기 위해서는 기본 골조가 필요함을 의미하는 것이다.

베니어합판을 이용해 1차로 부뚜막을 완성한 후 일주일 후에 실험장에 가보니 베니어합판이 점토의 무게 때문에 가운데로 휘어지기도 하였지만, 거북이 등 처럼 심하게 갈라져 있어 천정으로 이용할 수 없게 되었다.

천정의 기본 골조 만드는 방법을 고민하다가 마침 베니어합판 위에 올려져 있던 점토가 건조되어 비교적 단단한 점토판을 이루고 있는 것을 발견하게 되었다. 이 점토판을 이용해 벽체사이에 걸쳐서 천정부의 기본 골조를 만들고 점토를 피복하여 부뚜막을 만들 수 있었다. 천정부의 기본 골조 만드는 보다 자세한 방법은 후술하고자 한다.

⑥ 굴뚝부 만들기 : 굴뚝부는 '① 밑그림 그리기' 단계에서 실험장의 벽면을 미리 너비 20cm 정도로 약간 경사지게 굴착하여 반원형으로 만들어 놓았었다. 고래부의 천정이 건조된 후 점토를 테쌓기 방법으로 올려 원형의 굴뚝부을 만들었다.

⑦ 점토 입히기 : 부뚜막의 기본 형태가 완성된 후 연기가 새지 않도록 외면을 점토로 보완하고 물손질하여 매끈하게 마무리 하였다.

● 도 6. 충청전라권 부뚜막 제작과정
① 밑그림 그리기 ② 아궁이부 점토벽체 만들기 ③ 고래부 점토벽체 만들기 ④ 베니어 합판으로 천정부 만들기 ⑤ 건조된 점토판을 이용해 천정부 만들기 ⑥ 굴뚝부 만들기 ⑦ 점토 입히기 ⑧ 건조 시키기 ⑨ 초벌 불때기 ⑩ 완성

⑧ 건조 및 보수 : 건조되면서 갈라진 부분은 점토로 다시 보수하였다.

⑨ 초벌 불때기 : 초벌 불때기를 하여 내부 건조를 시키고 연기가 잘 빠지는지 확인한 후 취사실험을 진행하였다.

표 4. 충청전라권 부뚜막의 제작과정

	제작순서	충청전라권 부뚜막
①	밑그림 그리기	선정된 모델을 바탕으로 설계도를 만들고, 실험장 바닥에 페인트로 밑그림을 그림
②	아궁이부 점토 벽체 만들기	양쪽 벽을 갖춘 '11' 자형으로 만듬
③	고래부 점토 벽체 만들기	점토를 이용해 'ㄱ자형'의 점토벽체를 만듬
④	솥받침 세우기	할석재의 솥받침 세움
⑤	천정부 만들기	점토를 이용해 미리 판석형태의 판을 만들어 건조시킴, 이것을 올리고 점토를 입혀 만듬
⑥	굴뚝부 만들기	천정이 마른 다음 점토를 이용해 수혈벽에 붙여 원통형의 굴뚝 만듬
⑦	점토 입히기	점토를 보강하고 물손질하여 매끈하게 만듬
⑧	건조 및 보수	건조 후 갈라짐이 심하여 점토로 보수함
⑨	초벌 불때기	초벌불때기하여 건조 및 연기가 잘 빠지는지 확인하고 보수작업 후 마무리함
⑩	완성	완성 이후에도 실험때마다 조금씩 갈라지는 부위에 대한 보수가 필요

(4) 부뚜막 제작방법

'서울경기권 부뚜막'의 제작과정을 보면 판석으로 기본골조를 만들고 점토를 피복하여 만드는 것이다. 이 과정에서 가장 큰 어려움은 적당한 크기의 판석을 구하는 문제였는데, 철거된 주택의 구들장을 수습하여 이용하였다. 반면 '충청전라권 부뚜막'의 제작과정을 보면 전체를 점토로 만드는 것이다. 이 과정에서 벽체는 쉽게 만들 수 있었지만, 천정부제작이 쉽지 않았다. 천정부는 기본골조를 만들고 점토를 피복하지 않으면 형태를 유지하지 못했다.

이 문제를 해결하기 위해 고고자료에 대한 분석을 시도하였다.

부뚜막 천정부를 만드는 방법은 3가지가 확인된다.

A. 부뚜막 너비로 잔가지를 잘라 엮거나 대나무 등 나무를 반으로 쪼개서 덮개로 올린 후 점토를 피복하는 방법

B. 부뚜막 너비의 점토판을 미리 만들어서 천정에 걸친 후 여백을 점토로 피복하

는 방법
　C. 부뚜막 너비에 맞는 판석 등을 구해서 덮개로 올린 후 점토를 피복하는 방법

　A 방법은 서천 지산리 유적의 주거지(이남석 외 2005)에서 확인(도 7-①)되었고, B 방법은 풍납토성 미래마을 나지구 10호주거지(국립문화재연구소 2008 : 도 7-④·⑤)와 춘천 율문리 주거지(예맥문화재연구원 2008, 한지선 2009), 해남 신금 유적 40호 주거지(이영철 외 2005)에서 확인되었다(도 7-⑥). C 방법은 여러 유적에서 확인되고 있는 일반적인 방법이다. 한편 B 방법은 전술하였듯이 충청전라지역 뿐만 아니라 서울경기지역에서도 확인되고 있다. 부뚜막의 축조재료는 백제를 기준으로 보면 한성기에서 웅진기 및 사비기로 넘어가면서 점토에서 판석이나 석재를 이용하는 방법이 일반화된다. 금번 실험에서는 B 방법을 이용하여 '충청전라권 부뚜막'의 천정부를 만들었다.

　한편 부뚜막을 제작할 때, 부뚜막의 아궁이에서 연통부까지 이어지는 경사도 및 연통부의 크기 등은 배연작용에 많은 영향을 미침을 알 수 있었다. 현재 부뚜막의 조사 및 도면화 작업에 있어서 아직까지 상세한 정보가 제공되고 못하고 있는 실정이다. 앞으로는 부뚜막의 단독 실측을 통해, 잔여 벽체의 높이·간격·경사도 등에 대한 세부적인 내용이 제공되어야 할 것이다. 이번 실험에서 연통의 크기, 부뚜막의 경사도에 대한 면밀한 계획이 부족했을 뿐만 아니라, 수혈 주거지에 있어서 연통을 수혈 밖으로 뺐을 때 그 길이 및 높이 등에 대한 고려를 하지 못해 초기 연기가 역류하는 등의 현상을 자주 목격하였다. 이러한 문제를 해결하기 위한 고고학적 자료 축적과 실험을 통한 검증이 앞으로도 계속 병행되어야 할 것이다. 이밖에도 부뚜막에서 천정의 높이와 솥받침의 높이는 제작한 장란형토기의 크기와 적절한 조화를 이룰 수 있도록 신중하게 고려해야 할 것으로 본다. 장란형토기가 너무 높이 올라오면 시루를 올릴 때 안정성이 떨어지며, 부뚜막 천정이 너무 높으면 열효율이 떨어지기 때문이다.(정종태)

● 도7. 천정부 각종

① 서천 지산리 유적 출토 연도부 벽체 결구흔적 ② 대나무 기본골조 이용한 부뚜막 제작모습1 ③ 대나무 기본골조 이용한 부뚜막 제작모습2 ④ 풍납토성 나-10호 주거지 부뚜막 전경 ⑤ 풍납토성 나-10호 주거지 부뚜막 천정부 점토판 잔존상태 ⑥ 해남 신금유적 40호 주거지 부뚜막 천정부 점토판 잔존상태

● 도 8. 충청전라권 부뚜막의 천청부 제작과정
① 천정부에 합판을 대고 점토 덧바름 ② 건조되면서 합판이 내려앉은 모습 ③ 합판제거 ④ 천정부 벽체사
이 간격을 줄임 ⑤ 벽체사이에 건조된 점토판을 걸침 ⑥ 계속 점토판을 걸쳐 마무리함

3. 노지 제작

이번 실험은 고고자료를 바탕으로 노지를 제작하고 노지에서 관찰되는 토기의 사용혼을 분석하는데 목적이 있다. 실험에 앞서 노지제작이 이루어졌으며, 본고에서는 모델이 된 노지가 조사된 유적을 통해 노지의 특징을 살펴보고 노지의 제작과정을 다루고자 한다.

1) 고고자료의 검토

실험에 이용된 노지는 한강 유역 및 중부지방의 원삼국시대 주거지에서 가장 일반적으로 설치된 부석식 노지(李民錫 2003)이다. 부석식 노지는 주거지 상면을 얇게 파거나 평지상태에서 평평한 강돌 또는 판석재를 이용하여 일정하게 높이를 맞추어 간 형식으로, 돌과 돌 사이를 점토로 메꾸거나 그 위에 점토를 덧발라 마무리 하였다. 일부 주거지에서는 노지의 한쪽 면에 넓적한 판석을 세워 바람막이 역할을 한 예도 확인된다.

이러한 노지는 율문리 1, 6호(강원문화재연구소 2008a), 횡성 둔내 1호(강원문화재연구소 2008b), 영월 문산리 유적(강원문화재연구소 2008c), 원주 동화리 원삼국 3호(한강문화재연구원 2009), 미사리 A-1, 13호(裵基同·尹又坡 1994), 여주 연양리 2, 6, 10호(國立中央博物館 1998) 주거지 등에서 확인되고 있는데 이들 유적뿐만 아니라 최근 급증하는 발굴조사로 점차 부석식 노지의 확인 예가 증가하고 있다.

중부지역에서 확인되는 부석식 노지의 크기는 각 주거지마다 차이를 보이고 있으나 제작방법은 위에서 설명한 방법과 대부분 동일하다.

● 도 9. 노지 각종
① 춘천 율문리 1호 주거지 ② 춘천 율문리 1호 주거지 노지 ③ 춘천 율문리 6호 주거지 ④ 춘천 율문리 6호 주거지 노지 ⑤ 횡성 둔내 1호 주거지 ⑥ 횡성 둔내 1호 주거지 노지 ⑦ 원주 동화리 3호 주거지 ⑧ 원주 동화리 3호 주거지 노지 ⑨ 영월 문산리 주거지 ⑩ 영월 문산리 주거지 노지

2) 모델선정

노지 모델 선정은 고고자료를 바탕으로 이루어졌다. 고고자료를 통해 볼 때 노지에서 확인되는 강돌은 직접적으로 불과 관련된 그을음 등이 관찰되지 않는 경우가 대부분이다. 이는 강돌 상면을 점토로 얇게 피복하여 사용했기 때문으로 판단되는데, 주거지 폐기 이후나 발굴조사과정에서 피복된 점토가 유실되는 경우가 많기 때문에 노지전면이 점토로 피복된 예를 찾기란 매우 어렵다. 점토 피복이 조사된 노지로는 횡성 둔내 1호주거지의 노지가 대표적이다. 이 노지의 경우 토층상에서 강돌 위에 점토를 피복한 흔적이 확인되고 노지 가장자리로 점토띠를 두른 흔적이 타 유적에 비해 잘 남아 있다. 따라서 이번 실험의 노지모델로는 횡성 둔내 1호주거지 노지를 선정하였다.

노지는 원활한 실험 진행을 위해 실험장내 2곳에서 설치하였고, 동일한 모델을 바탕으로 제작하였다.

3) 제작과정

노지제작에 사용된 점토는 실험장을 굴광하고 남은 기반토(황적색 사질토)를 이용하여 제작하였으며, 노지 제작과정을 살펴보면 다음과 같다.(한윤선)

표 5. 노지 제작과정

	제작순서	노지
①	설계도 그리기	선정된 모델을 바탕으로 설계도를 만든 후 실험장 바닥면에 구획함
②	점토 반죽하기	제작에 필요한 점토를 채취하여 체질을 한 후 물을 넣어 반죽함
③	점토 바르기	구획된 바닥면에 점토를 2cm 정도의 두께로 고르게 펴 바름
④	판석재 깔기	점토 위로 판석재를 깔고 판석 사이사이를 점토로 메꿔 고정함
⑤	점토 입히기	판석상면을 1cm 정도의 두께로 점토를 덧입힘
⑥	점토띠 두르기	구획선 주변으로 10cm 정도 너비의 점토띠를 붙임
⑦	정면하기	점토띠를 붙인 후 전면을 물손질하여 정면함
⑧	초벌 불때기	노지 내부와 주변에 불을 지펴 노지를 단단하게 건조함
⑨	완성	실험실시

● 도 10. 노지 제작과정
① 설계도 그리기 ② 점토 반죽하기 ③ 점토 바르기 ④ 판석재 깔기 ⑤ 점토 입히기 ⑥ 점토띠 두르기
⑦ 정면하기 ⑧ 초벌 불때기

4. 토기의 제작

우리 연구회에서는 지난 2008년과 2009년 두 번에 걸친 실험에서 장란형토기, 심발형토기, 시루를 각각 10점을 전문도예가[2]와 함께 직접 제작하여 사용하였다. 이 토기들은 부뚜막 제작의 경우와 같이 서울경기권과 충청전라권의 토기속성을 파악하여 제작하고자 하였다. 따라서 본고에서는 먼저 이번 토기 제작의 모델이 되었던 서울경기권 토기와 충청전라권 토기의 특징과 제원, 그리고 제작방법을 각 기종별로 검토하고자 한다. 이후 실제 토기의 제작과정을 복원하고, 실험 전후에서 확인된 제작상의 문제점과 개선점에 대해 살펴보겠다.

1) 장란형토기

(1) 고고자료의 검토

장란형토기는 다음의 세가지 부분을 중심으로 관찰하여 제작방법을 검토하였다.

ㄱ. 구연부-동체부 정면흔
ㄴ. 동체-저부 경계면 타날
ㄷ. 저부 내면 정면흔

ㄱ의 경우 동체-구연부 성형단계에서의 선후관계를 알아보기 위함이고, ㄴ의 경우는 분할성형 여부와 함께 제

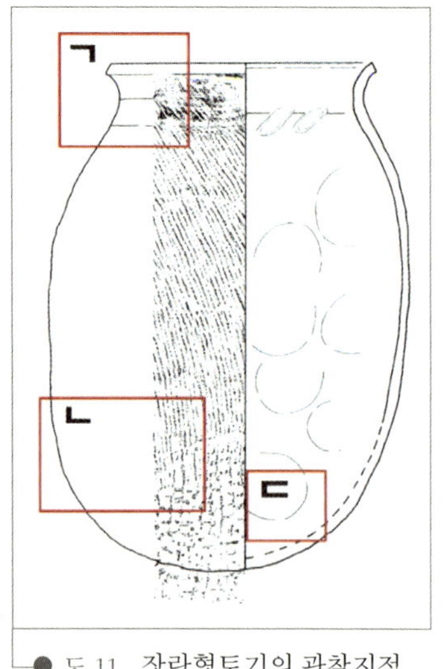

● 도 11. 장란형토기의 관찰지점

---

2 용인에 있는 "백암도예연구소" 소장이신 마순관 선생님과 함께 제작하였다.

작의 선후관계를 알아보고자 했다. 마지막으로 ㄷ은 저부의 형태를 어떻게 성형했는가 하는 점을 관찰하기 위해서이다.

이러한 세가지 관찰지점을 중심으로 서울경기권 장란형토기와 충청전라권 장란형토기의 제작방법을 밝혀 보고자 한다.

먼저 장란형토기의 제원 평균치는 〈표 6〉과 같다. 대개 서울경기권 부뚜막의 경우 아궁이 부분이 넓고 고래부가 길기 때문에 동체부가 풍부하고 넓적한 원저의 형태로 성형되고, 충청전라권의 경우 아궁이 부분은 넓지만, 고래부가 짧기 때문에 횡으로 2개 이상 솥을 걸게 하기 위해 세장하고 저부가 뾰족한 형태의 장란형토기를 제작하게 된다(한지선 2008). 따라서 부뚜막의 형태에 따라 장란형토기의 형태도 좌우되고 있음을 알 수 있는데 보다 자세한 관찰을 통해 제작방법을 살펴보자.

표 6. 장란형토기 지역간 속성 비교(한지선 2008, 수정 인용)

	속성	서울경기권	충청전라권
장란형 토기 속성	(평균)기고(cm)	38.47	42.4
	(평균)동최대경(cm)	25.7	18.61
	(평균)세장도	1.5	2.29
	(평균)용량(l)	14.2	8.08
	점토의 부착	있음	없음
	탄착흔 부착여부	없음	없음
주거지	(평균)주거지면적(m²)	30~50	15~25
부뚜막	구조적 형태 (육각형주거지일 경우)	길고 세장한 ㅡ자형	ㄱ 자형, 짧은 ㅡ자형
	외벽 최고 온도(℃)	63.2	27.8
	연통부 최고 온도(℃)	275	90

ㄱ. 구연부 - 동체부 정면방식

구연부와 경부의 성형은 주로 물손질에 의해서 이루어진다. 그러나 이러한 물손질이 동체부 타날에 선행하는지, 후행하는지에 따라 그 성형 순서를 알 수 있다. 서울경기권의 경우 〈도 12〉과 같이 경부 성형에 있어 세가지 방식이 확인된다.

〈도 12〉에서 보이듯이 서울경기권 장란형토기의 구연-동체부 정면

● 도 12. 서울경기권 장란형토기의 구연-동체부 정면흔(한신대학교박물관 2004)
① 전면 물손질 ② 부분 물손질 ③ 타날잔존(동체부와 구별된)

● 도 13. 충청전라권 장란형토기의 구연-동체부 정면흔(전남대학교박물관 2003)
① 전면 물손질 ② 부분 물손질

방식은 조금씩 달라도, 동체부에 시문된 승문타날 위로 물손질이나 격자문타날이 행해지고 있음을 알 수 있다. 따라서 동체부 성형 이후 구연부가 성형되었으며 동체부타날이 구연부 끝단까지 시문되었다가 경부만 전면 혹은 부분적으로 물손질이 행해지는 것을 보았을 때 동체부 성형시 구연부까지 원통형으로 성형되었음을 알 수 있다. 따라서 경부의 물손질이나 동체부와 구별된 타날을 하는 것은 토기의 목을 동체부와 구별 짓고, 그 지점부터 약간 조이기 위한 방법이며, 구연부는 이러한 성형 이 후 가장 마지막 단계로서 손질된다. 〈도 13〉에서의 충청전라권 장란형토기도 승문이 없이 격자문만 확인되는데, 서울경기권 토기와 마찬가지로 이러한 격자문이 경부에서 전면 혹은 부분적으로 지워진 흔적을 확인할 수 있다.

ㄴ. 동체 - 저부 타날

동체부에서 원저인 저부로 이어지는 경계부위에 대한 관찰이다. 이 부

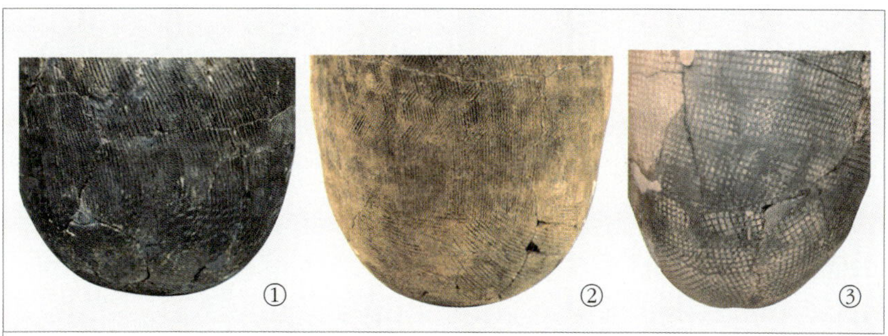

● 도 14. 장란형토기의 동체-저부 타날
① 서울경기권 장란형토기(승문-격자문타날) ② 서울경기권 장란형토기(승문-승문타날) ③ 충청전라권 장란형토기(격자문-격자문타날)

● 도 15. 서울경기권 장란형토기의 동체-저부 경계면 타날(외면)-정면(내면) 방식(풍납토성 도면 160-4(상), 풍납토성 도면 160-3(하))
①~③ 저부판을 횡방향 나선상으로 돌려가며 타날 ④~⑥ 저부판을 종방향 아래에서 위로 치고 옆으로 이동하여 친 타날

분은 특히 장란형토기의 성형에 있어서 분할 성형여부와도 관련된다. 〈도 14〉에서 보이는 바와 같이 서울경기권 장란형토기의 경우 대개 동체부는 승문타날을 하고, 저부는 격자문타날을 하는데, 대부분의 토기에서 저부의 격자문타날이 승문타날 위에서 확인된다. 따라서 저부 성형이 동체부 성형보다 나중에 실시되며, 이때의 방향도 동체부쪽에서 저부 끝쪽으로 타날방향이 진행된다. 충청전라권 장란형토기의 경우도 마찬가지이다. 동체부는 대개 점토판과 점토판을 덧대어 쌓을때 부착을 위해 횡방향으로 타날과 박자를 움직이지만, 동체부가 모두 올려지면 타날판으로 구연부에서 동체부까지 한번씩 내려치고, 옆으로 이동하여 또다시 구연부에서 동체부까지 내려치는 방식(종방향, 최종적으로 남는 타날)으로 타날된다. 그러나 저부쪽의 타날방향은 두 가지 방식이 확인되는데, 첫 번째는 나선형상으로 횡방향으로 돌려가며 저부 중앙까지 타날하는 방식이고(도 15-①~③), 또 다른 하나는 동체부 타날하듯이 동체부쪽에서 저부 중앙쪽으로 한줄로 치고 옆으로 이어 또 타날을 쳐나가는 방식이다(도 15-④~⑥). 두 방식 모두 토기를 도치시켜 타날할 때 나타나는 방식인데, 전자의 경우 외저면 중심부에 타날이 최소로 겹치는데 반해, 후자의 경우 저부 중심부분에 타날이 많이 겹쳐져 있는 것을 관찰할 수 있다.

또 한가지 중요한 관찰포인트는 저부쪽의 격자문타날을 칠 때 이미 저부쪽 점토가 동체쪽 점토에 붙어 있었기 때문에 겹쳐서 치는 것이 가능했다는 점이다. 또한 서울경기권 장란형토기의 저부 두께가 중심부로 갈수록 얇아지는 것이나, 저부를 도치 성형한 흔적 등은 장란형토기 성형시 먼저 원형의 점토판 위에 점토띠 혹은 판을 올려 구연부까지 쌓고, 나중에 회전판에서 점토판을 분리하여 토기를 도치시킨 후 반건조시켜 박자와 타날판을 이용해 저부를 성형해 나갔음을 알 수 있다.

ㄷ. 저부 내면 정면흔

저부 내면 정면흔은 크게 지두압흔과 박자흔이 확인된다. 대개 박자흔의 경우는 서울경기권 장란형토기에, 지두압흔은 충청전라권 장란형토기

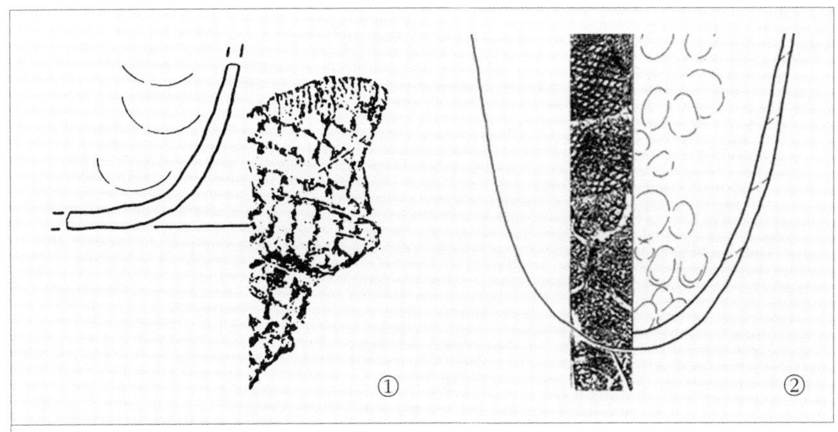

도 16. 장란형토기의 내면 정면방식
① 서울경기권 장란형토기 ② 충청전라권 장란형토기

에서 다수 확인되는데, 그 이유는 전자는 넓적한 원저를 성형하기 위해서이고, 후자는 뾰족한 저부를 성형하기 위해 손으로 내면에서 점토를 밖으로 밀어내기 위해서이다(도 16).

이때 내박자흔과 외면 타날흔, 혹은 내면 지두압흔과 외면 타날흔은 서로 대칭을 이룬다.

⑵ 제작방법의 복원

앞에서 관찰된 내용을 바탕으로 토기제작을 실시하였다. 평균 제원은 서울경기권 장란형토기의 경우 기고 35~38cm, 구경 16~20cm, 동최대경 25cm 전후로 제작되었다. 반면 충청전라권의 경우 기고 40~45cm, 구경 15cm 전후, 동최대경 20cm 전후이다. 이때 토기의 건조 시 축소율(약 기고평균의 14%, 토기가마 복원실험 연구회 2009)을 고려하여 제작했어야 했지만 당시 이 점이 토기 제작에 적극 고려되지 못해 상세한 기술을 남기지 못했다.

앞서 고고자료의 검토를 통해 장란형토기의 제작 방법을 복원하면 다음과 같다.

● 도 17. 장란형토기의 제작과정
① 원형판 만들기 ② 원통 성형하기 ③ 동체부 성형하기 ④ 경부 성형하기 ⑤ 구연부 만들기 ⑥ 동체부 건조하기 ⑦ 도치하기 ⑧ 원저 성형하기

표 7. 장란형토기의 제작방법

	제작순서	장란형토기
①	원형판 만들기	원형의 점토판을 회전판 위에 올림
②	원통 성형하기	점토판 위로 점토띠(판)을 올려 동체부에서 구연부까지 원통으로 성형
③	동체부 성형하기	기형을 성형하기 위해 동체부를 약간 부풀어 오르게, 그리고 경부쪽은 약간 오그라들도록 타날판과 내박자를 이용하여 만든다. 이때 타날은 회전판을 돌려가며 아래에서 위로 나선방향으로 쳐 올림
④	경부 성형하기	경부와 구연부는 물손질로 마무리함
⑤	구연부 성형하기	구연부를 가죽과 같은 도구를 이용하여 성형함
⑥	동체부 건조하기	시간이 경과하여, 동체-구연부가 반건조상태가 되면 회전판에서 점토를 분리시킴
⑦	도치시키기	동체-구연부가 좀더 건조되어 도치시켜도 기형이 변형되지 않을 정도가 되면 도치시켜 저부를 성형함
⑧	원저 만들기	저부내면에 내박자를 대고, 외면은 타날판을 이용하여 편평했던 저부판을 둥글게 성형함
⑨	저부 건조하기	도치된 상태로 건조시킴
⑩	소성하기	제작완료

2) 심발형토기

(1) 고고자료의 검토

심발형토기의 제작 방법은 앞서 살펴본 장란형토기와 흡사하다. 저부가 평저인 것만 제외하면 제작방법상 거의 동일한 과정으로 만들어지는 것을 알 수 있다.

먼저 서울경기권과 충청전라권 심발형토기의 제원 평균치를 비교하면 다음의 〈표 8〉과 같다.

표 8. 서울경기권과 충청전라권 심발형토기의 제원 비교

	서울경기권[3]	충청전라권[4]
기고(cm)	14.1	13.7
구경(cm)	13.5	14.6
저경(cm)	9.7	8.6
동최대경(cm)	14.1	13.9

---

3 서울경기권 심발형토기는 풍납토성, 몽촌토성, 미사리 출토 완형유물을 중심으로 통계를 낸 것이다.

심발형토기의 제작방법을 확인하기 위한 주요 관찰 포인트는 두 가지이다.

ㄱ. 구연부 - 동체부 정면흔
ㄴ. 동체 - 저부 접합 방식

ㄱ의 경우 장란형토기의 거의 같기 때문에 생략하고, 여기서는 ㄴ의 경우를 살펴보고자 한다.

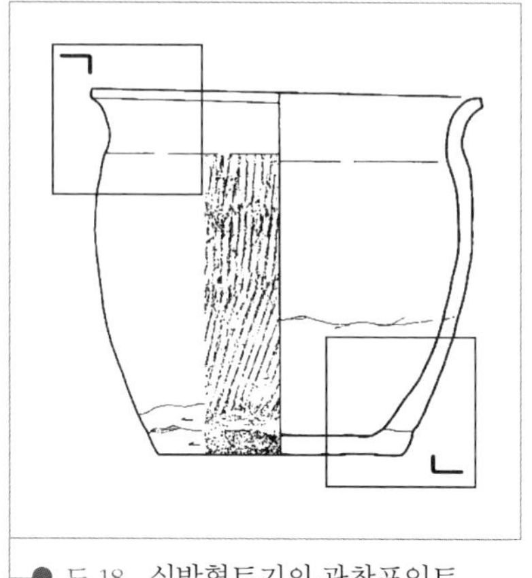

도 18. 심발형토기의 관찰포인트

ㄴ는 장란형토기가 원저인 것과는 달리, 심발형토기는 평저이기 때문에, 바닥의 원형 점토판과 동체부 점토의 부착부위를 강화하기 위해 점토를 덧대는 방식을 관찰하기 위해서이다. 심발형토기의 동체-저부 경계면의 정면방식은 〈도 19〉과 같이 세 가지 방식이 확인된다. 주로 서울경기권에서 이러한 3가지 방식이 모두 나타나고, 충청전라권의 경우 정지깎기와 회전깎기가 주류를 이룬다.

이러한 공정은 앞서 설명되었듯이 심발형토기의 바닥판과 동체부 점토와의 접착(부착)력을 높이기 위해 동체-저부 경계부위에 점토를 덧대고 난 후 도드라진 점토를 처리하기 위한 방식이다. 대개 공정상 점토를 동

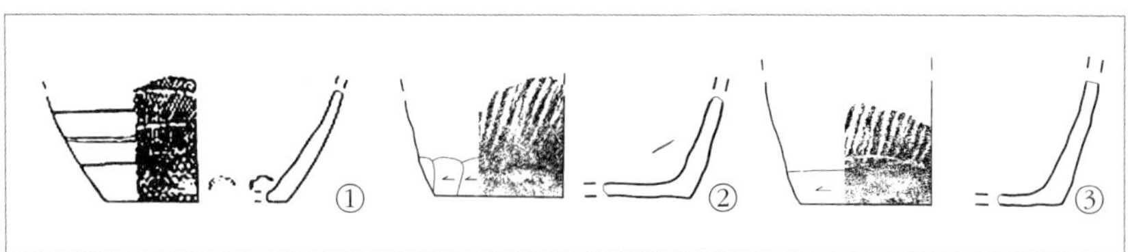

도 19. 심발형토기의 동체-저부 경계면의 정면방식
① 격자문타날(a) ② 정지깎기(b) ③ 회전깎기(c)

---

4 충청전라권 심발형토기는 해남 신금, 함평 소명, 담양 태목리유적 출토 완형유물을 중심으로 통계를 낸 것이다.

체-저부경계면에 넓게 부착하고, 도드라진 점토부위를 (격자문)타날판으로 두드려 점토의 점착력을 높인다. 이후 타날을 그대로 남긴 것이 a방식이고(도 19-①), 사과처럼 토기를 들고 도드라진 점토를 깎은 방식이 b방식(도 19-②), 토기를 회전판에 붙인 채로 회전판의 회전력을 이용하여 날카로운 도구로 동체 - 저부 경계부위의 도드라진 점토를 한번에 도려내는 것이 c방식(도 19-③)이다. 이렇게 동체 - 저부 경계면에 대한 정면이 끝나면 약간 시간을 두고 건조시켰다가 회전판에서 칼과 같은 도구를 이용하여 심발형토기를 분리시킨 후 외저면을 정면하고, 정치하여 완전히 마를 때까지 건조시키게 된다.

⑵ 제작방법의 복원

서울경기권과 충청전라권 심발형토기의 평균 제원을 기준으로 토기를 제작하였다.

심발형토기의 제작과정을 복원하면 다음과 같다.

표 9. 심발형토기의 제작방법

	제작순서	장란형토기
①	원형판 만들기	원형의 점토판을 회전판 위에 올림
②	원통 성형하기	점토판 위로 점토띠를 올려 동체부에서 구연부까지 원통으로 성형
③	동체부 성형하기	기형을 성형하기 위해 동체부를 약간 부풀어 오르게, 그리고 경부쪽은 약간 오그라들도록 타날판과 내박자, 손가락을 이용하여 만든다. 이때 타날은 동체부에서 구연부까지 한번에 종방향으로 치면서 옆으로 이동
④	경부 성형하기	경부와 구연부는 물손질로 마무리
⑤	동체 - 저부 경계면 점토 덧대기	동체-저부 경계면에 점토를 덧발라 부착력을 강화한다. 이때 점토의 도드라진 면을 깎아 정면함
⑥	회전판에서 분리하기	시간이 경과하여, 동체-구연부가 반건조상태가 되면, 회전판에서 토기를 분리시켜 완전히 건조될 때 까지 건조시킴

● 도 20. 심발형토기의 제작과정

3) 시루

(1) 고고자료의 검토

　　시루는 서울경기권과 충청전라권이 서로 그 형태를 달리한다. 서울경기권의 경우 동체부가 점차 외반하면서 나팔상으로 벌어진 후 구연부에서는 바깥쪽으로 직각으로 꺾인다. 저부는 약간 원저형으로 가운데는 원형, 주위에 4개의 반원형의 투공을 칼로 도려내어 성형한다. 반면 충청전라권은 저부에서 동체부에 거의 직선적으로 올라오며, 구연부도 별도의 꺾임 없이 뭉뚝하게 정면되어 있다. 저부도 평저이고, 원형의 가운데가 빈 도구를 이용해 밖에서 안으로 뚫은 투공을 가진다. 역시 후자의 경우가 앞선 토기 제작 방식과 유사하고, 쉽게 제작이 가능하다. 그러나 전자인 서울경기권 시루의 경우 자칫 동체부가 점차 벌어지면서 무게의 하중을 받아 내려앉을 가능성이 높아 제작하는데 어려움이 많았다.

　　고고자료의 관찰시 주요 포인트는 다음의 두 가지이다.

　　ㄱ. 파수와 파수부 부착부위
　　ㄴ. 저부 투공 방식

　　먼저, 파수는 서울경기권, 충청전라권 모두 우각형 파수가 대부분이다. 우각형파수에는 손으로 주무르면서 뭉뚝하게 만드는 경우도 있으나, 끝단의 절개면에 사절흔과 같은 도구흔이 있어 실과 도구 등을 이용해 절

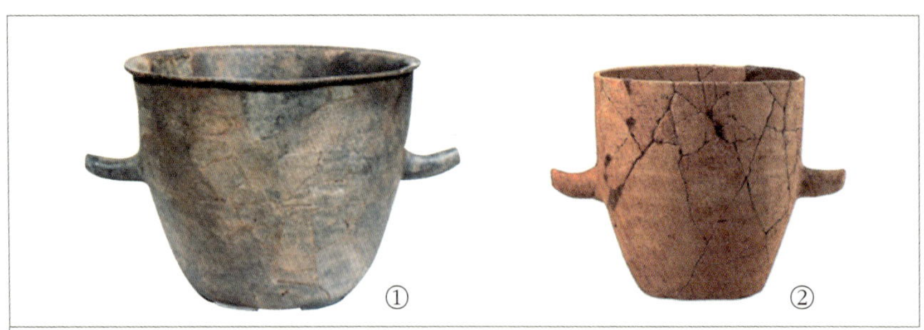

● 도 21. 서울경기권 시루(① 풍납토성)와 충청전라권 시루(② 청원 연제리)

단했음을 알 수 있는 것도 다수 있다. 특히 파수부를 시루의 동체부에 꽂는 부위에는 거의 대부분 파수를 대칭으로 붙이기 위해 회전력을 이용해 일정하게 선을 그은 파수선이 확인된다. 또한 파수는 붙인 부위의 바깥쪽과 안쪽에 점토를 덧대어 물손질 정면한 흔적이 있다. 파수자체에는 윗부분을 건조 및 소성을 위해 째고, 파수가 처지는 것을 방지하기 위한 하부 지지대를 받힌 흔적도 확인된다.

다음으로 바닥면 투공 방식인데 서울경기권은 도려내는 방식을, 충청전라권은 원형으로 밖에서 안으로 뚫는 방식을 선호한다. 따라서 도구도 서로 다른데, 도려내는 방식은 역시 칼과 같은 날카로운 도구를 사용할 것이고, 뚫는 방식의 경우 내부가 빈 원형의 도구를 사용하였다. 다만 실

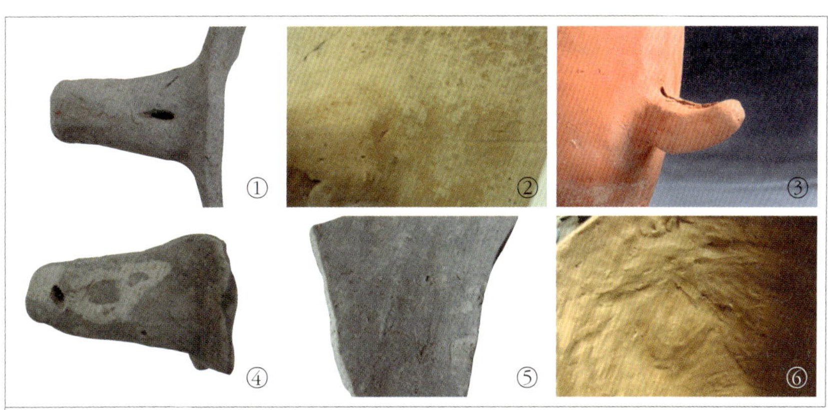

도 22. 파수와 파수부 부착부위 세부
① 파수위에 짼 사진 ② 파수부 부착 외면(파수선) ③ 실험토기 외면 ④ 파수아래 지지흔 ⑤ 파수부 부착 내면 ⑥ 실험토기 파수부 부착 내면

도 23. 시루의 저부 투공 부위 세부
① 서울경기권 시루의 도려낸 면 ② 충청전라권 시루의 투공 외면과 내면

험을 통해 확인한 결과 속이 빈 도구가 아니고는 원형의 투공을 뚫기가 불가능하는 점을 확인하였다. 밖에서 안으로 살살 돌려 점토를 뚫기 때문에 투공된 점토의 단면이 매끄럽고 안쪽에 점토가 밀린 흔적 등을 확인할 수 있다.

⑵ 제작방식의 복원

서울경기권과 충청전라권 시루는 조리할 때 반드시 장란형토기에 끼워 사용하기 때문에 장란형토기의 구연부 폭에 맞추어 시루의 저판 직경을 계산해 제작하였다.

서울경기권 시루는 구경 30cm, 기고 약 27cm, 파수 길이 7~8cm, 저경 20cm 전후로 제작하였고, 충청전라권의 시루는 구경 20cm, 기고 약 25cm, 저경 12cm 전후로 기준을 두고 제작하였다.

시루의 제작과정을 복원하면 다음과 같다.

표 10. 시루의 제작방법

	제작순서	장란형토기
①	원형판 만들기	원형의 점토판을 회전판 위에 올림
②	동체부 성형하기	점토판 위로 점토띠를 올려 동체부에서 구연부까지 약간 구연부로 갈수록 점토를 벌려 쌓아 올림. 쌓아 올릴 때 점차 외반시켜야 하기 때문에 점토를 앞쪽으로 덧대어 쌓아 올림(도 24-③). 기형상 시루는 나팔상을 벌어지기 때문에 이렇게 성형하기 위해 타날판과 박자를 이용하여 점토를 바깥으로 늘림
③	경구·구연부 성형하기	서울경기권 시루의 경부와 구연부는 물손질로 바깥쪽으로 거의 90° 꺾어 정면함. 반면 충청전라권은 외반시키지 않고 끝을 뭉뚝하게 처리함
④	파수선긋기	파수를 양쪽 대칭으로 붙이기 위해 파수선을 동체부에 긋기
⑤	파수부착면 도려내기	파수선을 기준으로 점토를 원형으로 도려냄
⑥	파수부착하기	도려낸 부위에 미리 준비해 둔 파수를 안에서 밖으로 내어 붙이고 내면과 외면 접합 부위를 점토를 덧대어 발라 물손질로 정면함
⑦	파수정면하기	파수는 점토 덩어리를 손으로 만져 우각형으로 만들고 점토 윗부분을 도구로 움푹 짼 후, 파수의 끝을 실이나 도구를 이용해 절단함
⑧	지지대받치기	파수가 처지는 것을 막기 위해 파수 밑에 나뭇가지를 이용해 받쳐 놓음
⑨	도치시켜 투공하기	시루가 반건조되면 바닥에서 점토판을 떼내고 도치시켜 투공. 서울경기권의 경우 토기 바닥이 약간 원저의 형태를 띠므로 바닥에서 분리 후 타날판과 박자를 이용하여 원형의 저부를 성형 후 투공. 이때 원형과 반타원형의 모형을 바닥에 그리고 그린대로 칼을 이용하여 도려냄. 충청전라권은 평저 그대로의 면에 속이 빈 원형의 도구(대나무 등)를 이용하여 바닥에 살살 돌려가며 투공함
⑩	건조하기	투공이 완료되면 다시 정치시켜 완전히 건조된 후 소성

● 도 24. 시루 제작하기
① 원형판 만들기 ② 동체부 성형하기 ③ 구연부 성형하기 ④ 파수선 긋기와 파수 만들기 ⑤ 파수부착면 도려내기 ⑥ 파수 부착하기 ⑦ 지지대받치기 ⑧ 저부 성형하기 ⑨ 투공 도려내기(서울경기권) ⑩ 투공 뚫기(충청전라권) ⑪ 건조 및 소성(서울경기권) ⑫ 건조 및 소성(충청전라권)

4) 제작상의 문제점

ㄱ. 태토 및 소성

먼저 태토를 만들기 위한 재료인 점토와 석립·사립이 다수 함유된 마사토를 잔모래질과 굵은 모래질로 나누어 채로 걸러서 준비하고, 도기토와 마사토를 각각 7 : 3의 비율로 기계에 넣어 혼합하였다. 그러나 혼합된 점토는 고고자료상에 다수의 석립과 사립이 함유된 것 비교했을 때 아직도 정선된 점토의 양이 많았다. 이러한 비율은 향후 자연과학적 태토 분석 등을 통해 비율 및 성분을 보다 자세히 파악하여 제작 시 점토를 만들어야 할 것이다. 또한 제작된 토기 중 물을 끓이다가 깨져버린 토기가 다수 있었다. 이는 태토에 들어있는 석립과 사립의 양이 적어 열을 견디지 못해 깨졌을 가능성이 높다.

ㄴ. 장란형토기와 심발형토기

장란형토기 제작 시 동체부 성형에서 많은 실패를 경험하였다. 즉, 동체부에서 구연부까지 원통으로 점토를 쌓아올린 다음 동체를 약간 부풀어 오르게 하기 위해 외면 타날판과 내면 박자를 대고 회전판을 돌려가며 치던 중, 일정하게 힘을 가하지 못해 원통부의 중심을 잃고 내려앉아 버리는 경우가 그것이다. 이렇듯 그만큼 큰 토기일수록 제작 시 토기의 중심을 잡는 일은 매우 숙련된 기술을 요하는 것이었다.

또한 구연부 성형 시 점토띠를 원통 안쪽으로 잇대어 붙여 외반시켜 성형하는데, 이러한 접합 방식이 바깥쪽으로 점토를 잇대어 구연부를 성형하는 것보다 더 손쉬웠다.

저부 성형때에도 내면에 박자를 대는 일은 생각보다 어려운데 먼저 동체부의 두께가 너무 두텁게 제작되어 그 무게로 인해 회전판에서 분리하여 타날을 하기 어려웠다. 이번 제작에서 장란형토기의 두께가 고고자료에 비해 두배 정도 두텁게 만들어졌다. 고고자료상 서울경기권 평균 0.3~0.5cm, 충청전라권 0.5~0.6cm 정도의 장란형토기 두께를 만들어내는 기술 또한 매우 숙련되지 않고서는 만들기 어렵다는 점을 알 수 있었다.

ㄷ. 시루

시루의 제작에 있어 중점을 두었던 것이 파수의 부착과 저부의 투공방식이었다. 파수의 부착은 몸통을 만들고 파수가 부착될 면을 날카로운 칼로 도려낸 후 미리 만들어놓은 파수를 안에서 바깥으로 꽂아 내외면을 정면하는 방식으로 진행하였다. 파수는 밖에서 안으로 꽂을 경우 시루의 몸통이 안으로 함몰되는데, 고고자료상의 시루에는 그러한 함몰흔적이 거의 확인되지 않았다. 그렇게 내외면을 정면한 후 나뭇가지를 이용하여 파수가 처지지 않도록 지지대를 만들어 점토판에 고정하였다. 역시 지지대가 없는 파수는 그 무게로 인해 시루의 몸통과 더불어 바닥으로 처지면서 점토가 찢어질 수 밖에 없다.

또한 시루바닥의 투공은 밖에서 안쪽으로 뚫는 방식과 칼로 도려내는 방식이 있다. 전자는 충청전라권 시루가 모두 해당되며, 후자는 서울경기권의 반원형투공제작에 사용된 방식이다. 전자인 원형의 투공방식에서 두가지 방식을 이용해 뚫어보고자 했다. 첫 번째는 대나무처럼 속이 빈 원형도구를 사용하였고, 두 번째는 속이 찬 원형도구를 사용한 것이었다. 결론적으로 원형투공은 두 번째 방법으로는 절대 뚫을 수 없었다. 투공을 하는 시점은 저부판의 점토가 반건조된 시점으로 속이 꽉 찬 도구를 사용할 경우 저부 점토판 전체가 밀려버렸다. 반면 속이 빈 원형도구는 비록 초기 점토가 약간 밀리지만 나사를 돌리듯 도구를 돌려 뚫기 때문에 점토가 온전히 도구의 빈 속을 채우며 빠져나왔다. 고고자료에서도 약간 점토 끝이 안쪽으로 밀린 흔적이 확인되고, 원형투공일 지라도 뚫려서 지나가는 면 자체는 매우 매끄러운 것을 볼 때 속 빈 도구의 사용이 전제 될 수밖에 없을 것이다. 이러한 방식은 칼로 도려내는 것도 같은 효과이다. 다만 서울경기권의 경우 원형이 아닌 삼각형 또는 반타원형의 모양을 만들기 위해 날카로운 칼을 이용하는 것뿐이다.

이외에도 소성시 전기가마를 이용하였는데, 이러한 소성 환경은 고고자료와는 상당한 거리가 있다. 따라서 전기가마에 구웠을 때의 토기와 바깥에 제작된 일반 가마에서 구웠을 때 어떻게 다른지 차후 실험을 통해 검증해야 할 것이다. 또한 앞서 언급한 대로 토기의 두께가 상당히 두텁게 제작되었는데 이는 제작소에서 실험장까지의 거리가 멀어 자칫 파손의 위험을 최소화하기 위해서와 기술상 얇게 만드는 것이 그만큼 어려웠기 때문이다. 두께는 열전도나 물이 끓어오르는 시간 등에서 많은 차이를 줄 수 있음으로 차후에는 최대한 두께를 고고자료에 상응하게 제작하여 실험을 해야 할 것이다. (한지선)

5. 실험장비와 실험재료

취사 실험을 할 때 가장 심혈을 기울인 장비는 바로 온도측정기이다. 온도측정기는 두가지를 사용하였는데, 하나는 다채널 온도측정기이고 다른 하나는 적외선 온도계이다. 다채널 온도측정기는 김명진 선생[5]으로부터 지원받았다.

먼저 '다채널 온도측정기' (장비번호 KPERI-TM-R1.0-CH06)는 약 30~50cm 길이의 침봉 끝부분의 센서를 온도측정부위에 접촉시켜 온도를 측정하고, 이 데이터를 초단위로 컴퓨터에 전송하는 장비이다. 최대 8개의 침봉을 연결하여 다양한 지점의 온도측정에 활용할 수 있다.

이 기기의 장점은 데이터 전송 이외에도 기기 외면에 수시로 온도의 변화양상을 파악할 수 있도록 온도수치 창이 마련되어 있는 것이다. 따라서 부뚜막에서 불을 때는 실험자가 전송된 데이터를 보지 않아도 실시간 온

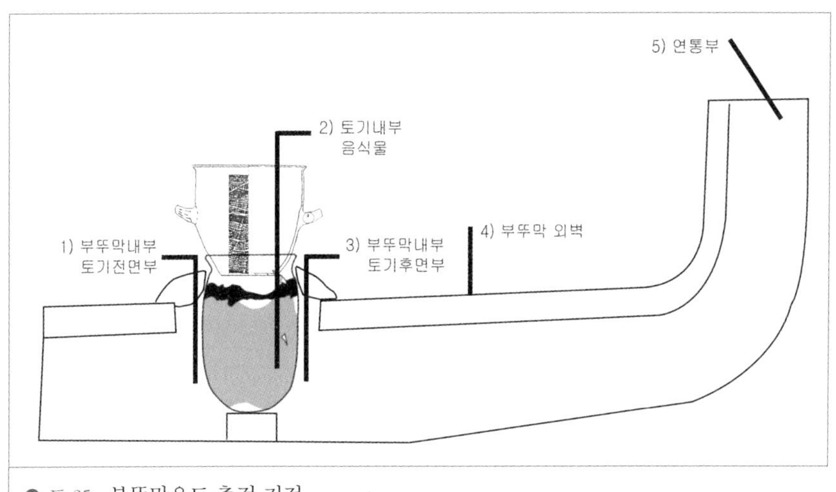

도 25. 부뚜막온도 측정 지점
(1~3번은 다채널 온도측정기 센서위치, 4 · 5번은 적외선 측정 위치)

5 (재)충청문화재연구원 부설 前 고환경연구소장

● 도 26. 실험장에서의 온도측정 장면

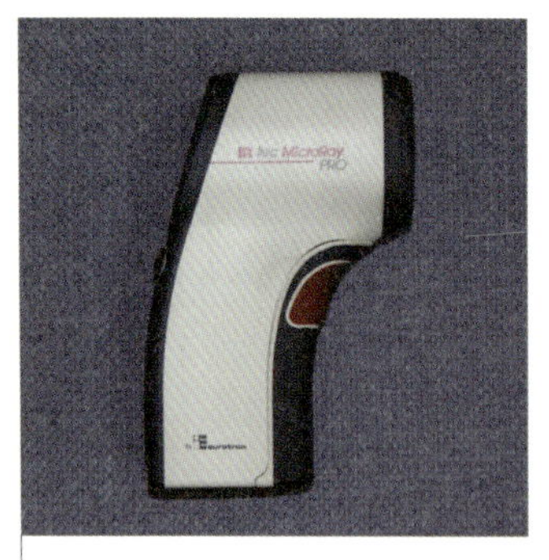

● 도 27. 적외선 측정기

● 도 28. 실험 도구

도변화 양상을 파악하면서 불때기를 조절할 수 있다. 또한 이렇게 초단위
로 입력된 데이터는 엑셀로 호환이 가능하기 때문에 쉽게 데이터 분석이
가능하다. 센서가 부착된 침봉은 그 길이를 늘려 더 길게도 제작할 수 있
기 때문에 부피가 나가거나 일정 거리를 두어야 하는 실험에서도 자유자
재로 사용할 수 있다.

다음으로 적외선측정기이다. 적외선 온도측정기는 권총처럼 생긴 휴대용 온도측정기로 원하는 지점을 향해 붉은 빛을 발사하면 해당 지점의 온도가 측정되어 디지털로 표시되는 기기이다. 적외선 온도측정기는 최대 600℃까지 측정이 가능한데 600℃ 이상은 불가능하기 때문에 온도가 상대적으로 낮게 측정될 수 있는 부뚜막의 외벽과 연통부 온도측정에 사용되었다. 측정하고자 하는 부위에 적외선을 쏘이면 측정창에 온도 수치가 나타난다. 이를 시간대별로 기록하여 데이터를 분석하였다.

이외에도 실험장의 습도 및 온도를 측정하기 위한 습도계와 온도계를 사용하였고 연료량 및 곡물량을 재기 위해 저울을 사용하였다. 보다 정밀한 측정데이터를 얻기 위해 계량컵을 사용하여 곡물 및 물 등의 용량을 계산하였다.(정종태)

Ⅲ

실험과정 및 내용

1. 장란형토기의 조리 실험에 대한 분석과 해석[6]

1) 실험 목적

장란형토기가 조리용기로 시루와 함께 세트로 부뚜막에 사용되었다는 것이 일반화된 정설이다. 더욱이 최근 연구 및 실험고고학적 성과를 바탕으로 장란형토기가 주로 단독으로 물끓이기용이나 간단한 데치기용으로 사용했다는 것이 확인된 바 있다(식문화탐구회 2008a).

이에 본 실험은 장란형토기 단독으로 한 물끓이기, 밥짓기 등의 실험 결과를 바탕으로 실제 고고자료에서 확인되는 사례와 비교·관찰함으로써 '과연 어떻게 사용했는가'에 대해 살펴보고자 하였다.

---

[6] 본 실험은 2008년도 고고학전국대회 자유패널로 발표된 바 있는 실험결과로, 본문에서는 2008년도 실험과 더불어 2009년도에 추가로 실험한 내용을 함께 기록하였다.

2) 실험 조건 및 결과

(1) 실험 조건

실험조건은 서울경기권과 충청전라권 장란형토기에 동일하게 적용하였
다(표 11). 곡물의 선정은 고고자료에서 출토된 탄화곡물을 참고하였으며,

표 11. 실험 토기별 조리실험 조건

실험 A		물끓이기(물6 l)
실험 B		물끓이기(물6 l)
실험 C		밥짓기(물1.5 l +곡물1kg=현미200g+보리200g+수수200g+조100g+콩100g)
실험 D	1회차	밥짓기(물1.6 l +곡물1kg=현미400g+기장400g+조200g)
	2회차	밥짓기(물0.75 l +곡물0.5kg=현미200g+수수150g+조100g+기장50g)
	3회차	밥짓기(물0.75 l +곡물0.5kg=현미200g+기장200g+조100g)
	4회차	밥짓기(물2.25 l +곡물1.5kg=현미600g+기장600g+조300g)

표 12. 실험 토기별 제원

지역권(I)	실험토기	실험내용	기고(cm)	부피(l)	부뚜막에 걸린높이(%)	지역권(II)	실험토기	실험내용	기고(cm)	부피(l)	부뚜막에 걸린높이(%)
서울경기권	A	물끓이기	35	12.2	80	충청전라권	A	물끓이기	41	7.5	93
	B	물끓이기	35.6	12.2	83		B	물끓이기	42.2	7.8	93
	C	밥짓기	35	12.1	80		C	밥짓기	38.2	6	90
	D	밥짓기	35.8	11.6	80		D	밥짓기	39.8	8	90

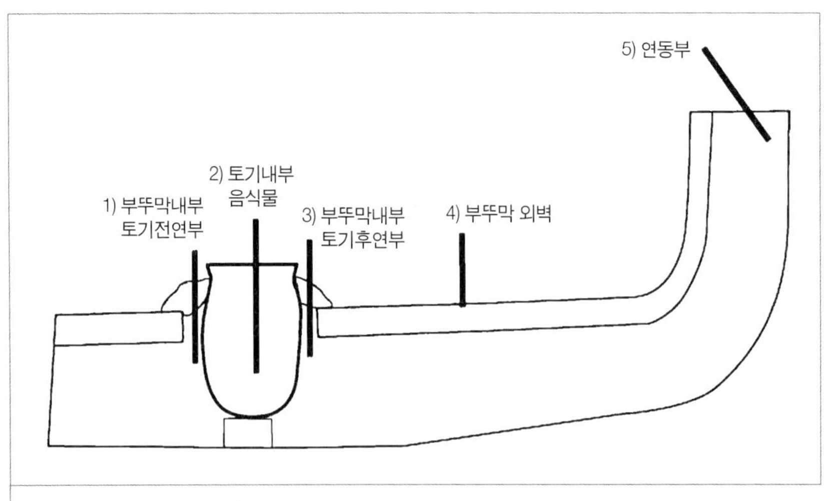

도 29. 온도 측정 부위

표 13. 장란형토기 실험과정

장란형토기 실험과정		
①	실험토기, 곡물, 연료 등의 재료 준비하기	실험토기별로 순서를 정하고 앞뒤를 구분하여 표시하고, 세척하기 실험에 필요한 연료, 곡물 등을 측정하여 미리 준비해 둠
②	곡물을 씻어서 불리기	실험별로 준비해 둔 곡물을 씻어서 불려둠
③	실험준비 완료 후 기록하기	실험 준비를 완료한 후 실험토기, 실험장, 날씨 상태 등의 모든 현황을 기록함
④	실험토기 안치 후 점토 메우기	부뚜막에 실험토기를 표시해 두었던 앞뒤를 구분하여 솥걸이부에 안치한 후 그 틈을 점토로 메워서 굳힘
⑤	다채널 온도계 설치	토기의 앞면과 후면, 내부에 다채널 온도계를 설치함
⑥	실험토기에 곡물 넣기	씻어서 불려두었던 곡물을 넣는다. 물의 양은 실험 조건에 맞춤
⑦	실험준비 완료 후	실험토기의 설치상태, 음식물, 연료, 다채널온도계 등을 점검함
⑧	불 피우기	아궁이에 잔가지와 솔잎을 섞어서 깐 후 불을 피워서 실험을 시작한다. 불을 피운 후에는 주로 잔가지로 불조절을 하여 갑자기 불이 세지거나 꺼지는 것을 방지함
⑨	끓기 시작하는 모습	끓기 시작하면 불을 센 불에서 약한 불로 조절함
⑩	내부에 곡물이 끓어오르는 모습	내부에 곡물이 끓어오르는 100℃에 이르면 잔가지 등의 연료 공급을 중단하고 남은 불로 조리를 지속함
⑪	완성된 조리물 옮기기	실험이 완료 된 후 조리 상태를 확인하고 조리물을 옮겨 담음
⑫	뜨거운 물 붓기	조리물을 전부 옮겨 담은 후 실험토기에 뜨거운 물을 부어 토기 기벽에 눌러 붙은 조리물을 불림
⑬	점토 제거 후 토기 빼내기	부뚜막에 고정시켰던 점토를 제거한 후 토기를 빼 냄
⑭	불려진 누룽지 옮겨담기	불려두었던 누룽지를 옮겨 담음
⑮	실험내용 기록하기	실험한 토기는 세척 전과 후로 나누어서 앞(A) 뒤(B)로 표시해 두었던 것을 기준으로 외면, 내면, 바닥면을 기록지에 기록하고 사진촬영을 함

● 도 30. 장란형토기의 실험 준비 및 과정
① 실험토기, 곡물, 연료 등의 재료 준비하기 ② 곡물 씻고 불리기 ③ 실험준비 완료 후 기록하기 ④ 실험토기를 안치 후 점토로 메우기 ⑤ 다채널온도계 설치하기 ⑥ 실험토기에 곡물넣기 ⑦ 실험준비 완료 후 ⑧ 불피우기 ⑨ 끓기 시작하는 모습 ⑩ 내부에 곡물이 끓어오르는 모습 ⑪ 완성된 조리물 옮기기 ⑫ 뜨거운 물 붓기 ⑬ 점토제거 후 토기 빼내기 ⑭ 불려진 누룽지 옮겨담기 ⑮ 실험내용 기록하기

비율은 전체 양에 비례하게 조절하였다. 연료는 소나무를 사용하였고, 배합은 솔잎과 가지를 이용하였다. 실험내용은 물끓이기 2회, 밥짓기 총 5회에 걸쳐서 실시하였으며, 밥짓기실험은 한 실험토기D의 경우에는 곡물과 물의 양을 달리하여 회차별로 형성되는 내외면의 흔적 차이를 검토해 보고자 하였다.

⑵ 실험 결과

① 서울경기권(Ⅰ) 장란형토기 사용흔 분석

우선 서울경기권 장란형토기의 실험결과를 정리하면 다음과 같다.

물끓이기를 실시한 두 실험토기(Ⅰ-A, Ⅰ-B)의 내면에서는 띠상의 물얼룩이 확인되었다. 특히 내A면이 내B면 보다 물얼룩의 높이가 높고, 넓게 확인되었는데, 이는 내A면이 불을 직접 받은 부위의 안쪽면으로서 수분이 거품을 내며 끓어올랐던 지점이기 때문에 토기 기벽 변색의 폭이 넓었던 것이다. 물끓이기 실험에서는 사실 물끓이기만으로 내면에 옅은 흔적이라도 남게 될까 하는 의문이 많이 들었지만 실험토기 Ⅰ-A와 Ⅰ-B를 통해서 1회의 물끓이기 만으로도 내면에 흔적이 남을 수 있음이 확인되었다.[7] 특

표 14. 실험별 조리시간 및 연료량

실험내용	물끓이기		밥짓기				
실험토기	A	B	C[8]	D			
실험회수	1회	1회	1회	1회	2회	3회	4회
날씨	맑음	맑음(비온뒤)	맑음	맑음(비온뒤)	비	맑음	맑음(잦은바람)
조리시간	-	-	36분	37분	50분	43분	67분
끓어오른시간	18분	32분	9분	18분	20분	18분	22분
연료량	5.6kg	4.3kg	5.5kg	4.1kg	3.55kg	3.15kg	4kg

표 15. 실험별 사용흔

실험토기	실험 내용	①외면 그을음		②내면 탄착흔	③솥받침흔	④외면산화 ⑤내면탄착대응	⑥점토 부착흔[9]	비고 (토기상태)
		전면(외A면)	후면(외B면)					
A	물끓이기	전체	전체	없음	있음	-	-	저부깨짐
B	물끓이기	전체	전체	없음	있음	-	-	저부 갈라짐
C	밥짓기	전체	전체	있음	있음	대응함	있음	양호
D	밥짓기	전체	전체	있음	있음	대응함	있음	양호

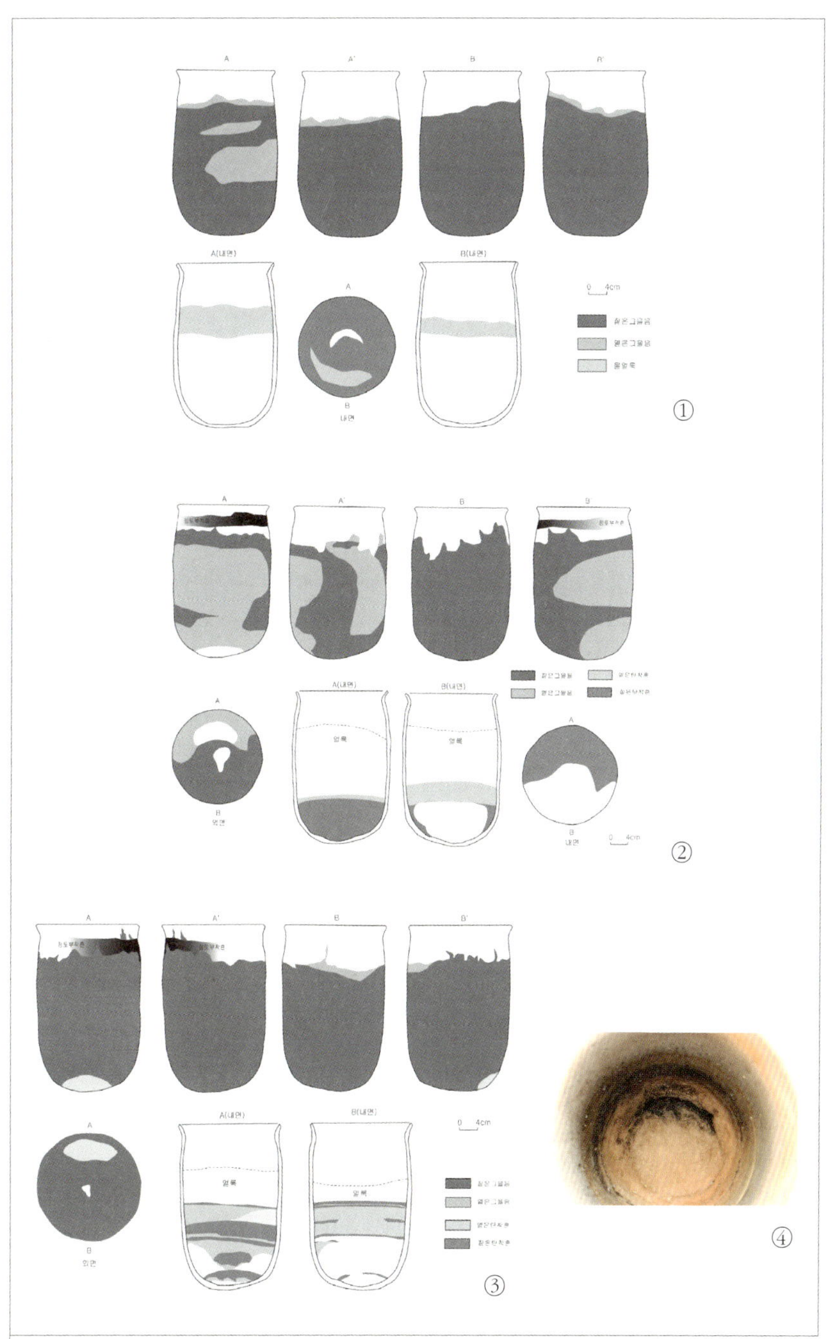

● 도 31. 실험토기 사용흔 양상
① Ⅰ-B의 사용흔 ② Ⅰ-C의 사용흔 ③ Ⅰ-D의 사용흔 ④ Ⅰ-D의 내면 탄착흔 양상

히 물얼룩 뿐만 아니라 불을 직접 받는 토기의 전면의 내면(내A면)이 열을 전달받기만 하는 후면(내B면)보다 짙게 토기 기벽이 변색되는 것도 확인할 수 있었다. 이를 통해 앞으로 고고자료상에서 취사용기의 내면 기벽색만 봐도 부뚜막에서 어느 쪽이 앞이고 어느 쪽이 뒤였는지 알 수 있게 되었다.

실험토기 Ⅰ- C와 Ⅰ- D는 각각 밥짓기 실험을 진행하였다. 실험 토기 Ⅰ-C토기의 경우에는 1회만 실시하였고, 실험토기 Ⅰ- D는 총 4회에 걸쳐서 실시하였는데, 이것은 1회 조리와 수차례 조리 시에 토기의 내·외면에 남게 되는 흔적들을 비교하기 위함이다.

밥짓기 실험에서는 외면은 물끓이기 실험토기와 별반 차이점이 확인되지 않았지만, 내부의 경우 누룽지 형태의 탄착흔이 뚜렷하게 확인되었다. 또한 불이 강하게 닿는 외면 전면하부에는 산화부가 형성되어 내면의 저부 탄착흔과 동일한 위치에서 대응관계를 나타냈다(도 31).

② 충청전라권(Ⅱ) 장란형토기 사용흔 분석

다음 충청전라권 실험결과를 정리해 보면 다음과 같다.

실험토기 Ⅱ- A와 Ⅱ- B의 물끓이기에서 나타난 사용흔적은 모두 동일하게 나타났으며, 서울경기권의 실험토기와도 비슷한 양상을 보였다. 외면 그을음은 전체에 나타났으며 내면에는 물얼룩이 남아있었다(도 32).

실험토기Ⅱ- C의 밥짓기 실험결과는 외면 전(A)면에 그을음이 동중부에 부착되었는데, 상·중부에 타원형으로 그을음 옅게 형성된 부분도 확인되었다(도 32). 상부의 솥걸이 막음 점토부위에는 그을음이 불규칙하게 부착되었는데 이것은 솥걸이 부분의 막음이 균일하게 되지 않아 그을음이

---

7 물끓이기 실험에서 토기에 남아 있는 흙이나 외부 오염물에 의해 얼룩처럼 남은 것은 아닐까 하는 의문에 실험완료 후 투명한 컵에 끓였던 물을 담아 보았으나 처음 담았던 물 그대로 어떤 오염물도 관찰할 수 없었다.

8 실험C는 실험B를 마친 1시간 후에 했기 때문에 예열된 상태이므로 끓어오른 시간이 단축되었다.

9 실험토기 A와 B의 경우에는 점토부착흔이 부분적으로 약간은 관찰할 수 있었다.

표 16. 실험별 조리시간 및 연료량

실험내용	물끓이기		밥짓기				
실험토기	A	B	C[10]	D			
실험회수	1회	1회	1회	1회	2회	3회	4회
날씨	맑음	맑음(비온뒤)	맑음	맑음(비온뒤)	비	맑음	맑음(잦은바람)
조리시간	-	-	38분	40분	55분	50분	68분
끓어오른시간	17분	35분	14분	20분	27분	20분	22분
연료량	3.5kg	4.4kg	4.0kg	3.4kg	3.9kg	2.7kg	2.9kg

표 17. 실험별 사용흔

실험토기	실험내용	①외면 그을음		②내면 탄착흔	③솥받침흔	④외면산화 ⑤내면탄착대응	⑥점토 부착흔[11]	비고 (토기상태)
		전면(외A면)	후면(외B면)					
A	물끓이기	전체	전체	없음	있음	-		저부깨짐
B	물끓이기	전체	전체	없음	있음	-	-	저부 갈라짐
C	밥짓기	전체	전체	있음	있음	대응함	있음	양호
D	밥짓기	전체	전체	있음	있음	대응함	있음	양호

새어나온 것이다. 산화부는 저부바닥에서 6cm 높이의 부위에 타원형으로 형성되었다. 후면에는 동중·하부 전면에 그을음이 부착되었다.

Ⅱ- D는 4회에 걸쳐 실험을 하였는데 회차별 곡물량을 달리하여 최종적으로 탄착흔과 그을음의 누적상태를 보고자 하였다. 또한 토기의 박락현상이 일어나는지에 대한 검증을 통해 토기의 사용횟수 문제도 검토 해보고자 하였다.

실험토기Ⅱ- D의 1회차 실험에서는 실험토기Ⅱ- C와 실험 조건이 거의 동일하므로 비슷한 양상을 보였다(도 32). 외면의 그을음 범위는 부뚜막에 걸린 높이의 아랫부분에 집중되었고, 동체 중부 일부에는 그을음이 엷게 부착되어 있었는데 이것은 불의 흐름과 관련된 것으로 보인다. 또한 내면 前面의 저부에서 12cm 높이까지 탄착흔 1곳이 형성되어 외면의 산화부와 대응하였다. 산화부의 범위는 연속 4차례 실험 동안 거의 동일했

---

10 실험C는 실험B를 마친 1시간 후에 했기 때문에 예열된 상태이므로 끓어오른 시간이 단축되었다.

11 실험토기 A와 B의 경우에는 점토부착흔이 부분적으로 약간은 관찰할 수 있었다.

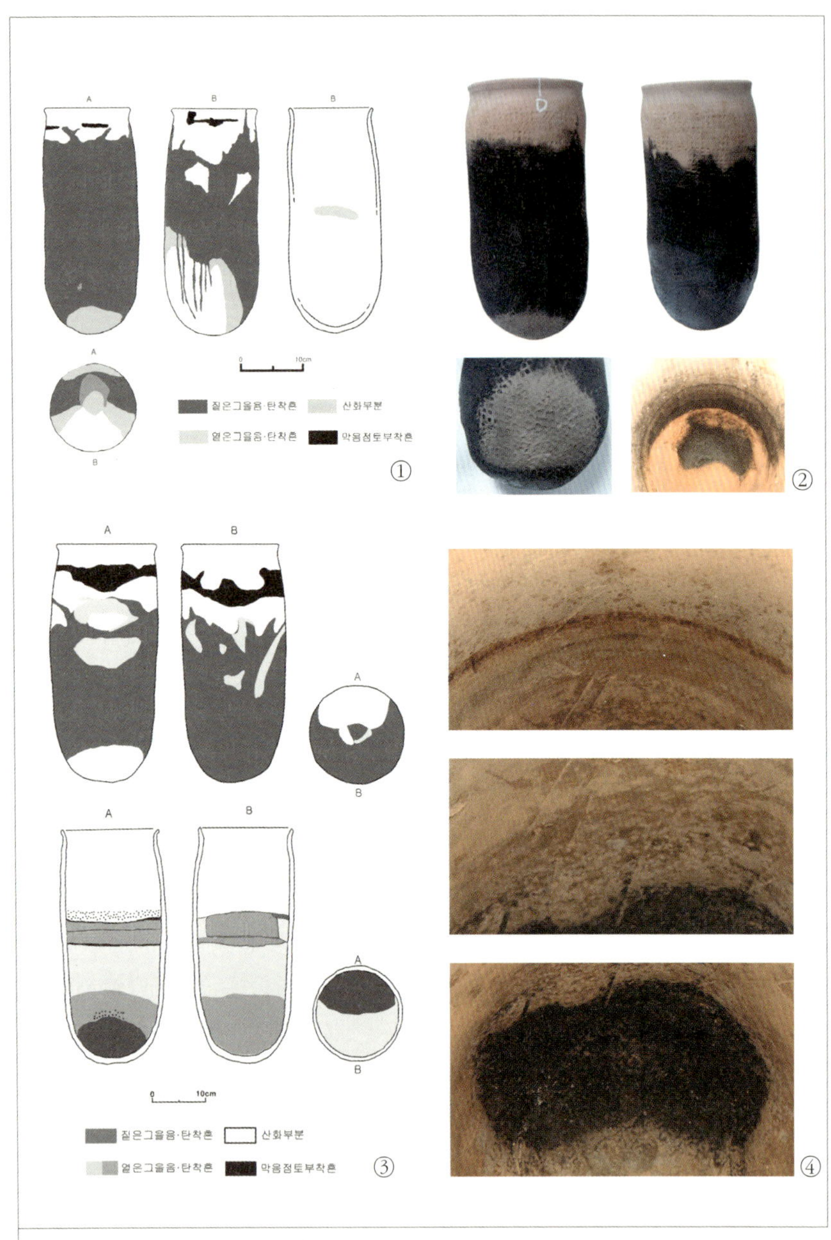

● 도 32.　실험토기 사용흔 양상
① II-B의 사용흔 ② II-D의 사용흔 ③ II-C의 사용흔 ④ II-C의 거품흔(상), 밥알갱이흔적(중), 누룽지상의 탄착흔(하)

다.[12] 이는 솥받침의 높이와 상응하는 것으로 같은 위치에 강한 가열을 받은 것으로 판단된다. 그 범위는 저부바닥에서 8cm 높이까지로, 실험토기 Ⅱ-D의 저부바닥 산화부가 실험토기Ⅱ-C에 비해 2cm 더 넓게 형성되었으며 내면의 탄착흔이 엷은 부분와 짙은 부분으로 구별되어 나타났다. 실험토기Ⅱ-D를 여러 번 사용하면서 탄착면이 겹쳐져 일치하지 않는 부분이 발생하게 되고 따라서 그 부분이 엷고 넓게 남게 되는 것으로 판단된다. 4회에 걸쳐 사용했음에도 외면의 박락 등의 별다른 변화는 확인되지 않았다. 따라서 장란형토기를 수차례 사용하는 데는 문제가 없다고 생각되어진다. 그러나 이에 대해서는 추후 지속적인 실험을 통해 밝혀내고자 한다.

3) 소결

위의 실험 결과를 통해 얻은 자료를 실제 고고자료와 비교해 보면 다음과 같다.

●　도 33.　하남 미사리유적 장란형토기의 사용흔(좌), 실험토기 Ⅰ-B의 사용흔(우)

---

[12]　산화의 정도와 범위는 마지막 조리시에 강한 가열을 받은 부분을 가리키며 여러 회차 조리시에도 누적되지 않는다(小林正史, 2003).

● 도 34. 풍납토성 출토 장란형토기의 사용흔(좌), 실험토기 Ⅰ-C의 사용흔(우)

〈도 33〉는 미사리 유적 출토 자료와 실험토기 Ⅰ-B이다. 두 점 모두 전면과 후면에 가득히 그을음이 확인된다. 이러한 양상은 대부분의 서울경기권 장란형토기에서 볼 수 있는 양상이다.

〈도 34〉를 보면 풍납토성 자료의 경우 실제 몇 번의 사용이 이루어졌는지는 알 수 없으나 부뚜막 전면에 걸렸던 앞면(A)의 경우 넓고 옅은 그을음 부위가 확인되며, 뒷면과 측면에는 짙은 그을음이 가득 붙어 있었다. 우측의 실험토기Ⅰ-C는 1회 부뚜막에서 사용한 토기이지만 앞선 풍납토성 토기의 그을음 부착 양상과 유사하다. 단 1회의 실험만으로 고고자료와의 비슷한 양상을 확인할 수 있었다. 이는 토기 내부에 담겨 있던 물 때문으로 물이 점차 토기의 기벽에 스며들면서 기벽의 온도를 낮추는 역할을 하는데 이때 기벽의 온도가 낮아지면서 물이 있는 부위는 보다 짙은 그을음이, 물이 없는 부위는 옅은 그을음이 부착되게 된다. 이것은 내면 계수선의 높이와 그을음이 옅어지는 부위가 대응되는지를 보면 확실히 알 수 있다(도 32).

한편 솥받침 위에 장란형토기가 올라가기 때문에 솥받침과 토기의 저부 사이에서 가장 강한 열을 받게 된다. 따라서 이와 같은 산화부위가 확인되면 대부분 솥받침 위에 장란형토기가 배치되었던 것을 알 수 있다(도 35).

● 도 35. 원주 법천리 장란형토기 저부쪽 산화부위(좌), 실험토기 Ⅰ - C의 동일부위(우)

● 도 36. 하남 미사리 장란형토기 구연부, 실험토기 Ⅰ - D의 동일부위(우)

그리고 〈도 36〉은 부뚜막 솥걸이 막음점토 사이로 그을음이 새어나와 구연부에 부착된 경우이다. 고고자료에서도 이러한 현상은 자주 볼 수 있다.

이러한 사실들을 바탕으로 실제 고고자료 상에서의 장란형토기의 용도를 추정해 보았다. 현재까지 서울경기권에서 출토되고 있는 장란형토기의 대부분에서는 거의 내면에 탄착흔은 관찰할 수 없고 외면 그을음만이 관찰된다. 이를 실험토기와 비교해보면 물 끓이기를 한 실험토기에서 관찰되는 양상이었음을 확인할 수 있었다. 즉, 장란형토기가 주로 물을 끓이는 용도로 사용되었음을 확인할 수 있었다. 만약 음식물이 들어가있는 조리물을 끓였다면 아마도 밥짓기 실험토기에 나타난 것과 같이 내면에 짙은 탄착흔이 관찰될 것이다.

한편 충청전라권 출토 장란형토기와 실험토기와의 양상을 비교해보

● 도 37. ① 담양 태목리유적 장란형토기의 사용흔, ② 실험토기 II-C의 사용흔

면, 이전에 검토된 고고자료로는 해남 신금유적, 함평 창서·대성유적, 함평 소명유적과 서천 지산리유적 등이 있었다. 모두 주거지 출토 장란형토기였는데 서울경기권과는 달리 토기의 외면에 그을음이 거의 확인되지 않았다. 화재주거지도 일부 포함되어 있었지만, 그렇지 않은 주거지 출토품의 경우에도 실험 토기처럼 부뚜막에서 사용한 뚜렷한 흔적은 거의 확인할 수 없었다. 처음에는 토기의 다수사용과의 관련성을 염두하였으나, 실험 결과 회를 거듭하여 사용하더라도 매번 그을음은 짙게 부착될 수밖에 없음을 확인할 수 있었다.

충청전라권 주거유적 출토 장란형토기에는 내면 탄착흔이나 외면 그을음, 산화흔 등이 거의 확인되지 않는다. 담양 태목리유적(호남문화재연구원 2007)의 경우처럼 일부 관찰되는 경우가 있기는 하나 이는 서울경기권에 비하면 소수에 불과하다.

담양 태목리 장란형토기의 경우〈도 37〉, 외면의 그을음의 부착 양상이 내면의 계수선의 높이와 대응하여 그을음이 옅은 것을 알 수 있는데, 이것은 실험토기 II- C에서도 관찰되는 양상이며 앞의 서울경기권에서도 볼 수 있었다. 또한 고고자료에서는 내면에 누룽지형태의 탄착흔이 전혀 관찰되지 않으므로 실제 유기물이 아닌 물을 끓이는 용도로 사용되었음을 실험을 통해 증명할 수 있었다.(정수옥·장홍선)

2. 심발형토기의 조리 실험에 대한 분석과 해석

1) 실험 목적

심발형토기는 장란형토기, 시루 등과 함께 취사용기로 사용되었다는 것은 이미 일반화된 정설이다. 또한 심발형토기는 장란형토기나 시루처럼 부뚜막에서 사용되었다기 보다는 노지에서 사용되었다는 것이 여러 연구 성과를 통해서 확인된 바 있다(정수옥 2006, 2007, 2008). 하지만 이것이 구체적으로 어떤 식재료로 그리고 어떤 방식으로 조리를 했는가에 대한 명확한 결론은 얻어내지 못하고 있는 실정이다.

이에 본 실험에서는 다양한 식재료로 그에 맞는 조리방식을 적용하여 실험토기와 실제 고고자료에서 확인되는 심발형토기와 비교·관찰함으로써 '과연 어떻게 사용했는가'에 대한 의문을 해결해 보고자 하였다.

2) 실험 조건 및 결과

(1) 실험 조건

실험은 모두 실험장에 제작해 둔 노지에서 실시하였으며 실험을 시작하기 전에 불을 2~3차례 피워서 노지의 바닥 면을 단단하게 하였다. 조리 내용물은 실제 고고자료에서 출토된 탄화곡물을 참조하였고 비율은 토기의 용량에 맞춰서 조절하였다. 연료는 소나무를 사용하였고 배합은 솔잎과 가지를 이용하였다. 실험은 5개의 심발형토기로 총 7회에 걸쳐 조리실험을 실시하였다. 각각의 조리방법은 죽끓이기, 조개 및 채소데치기, 밥짓기로 하였다. 죽끓이기의 경우 총 4회에 걸쳐서 실험을 하였는데 이는 사용회수와 연료의 사용방식에 대해 검토하기 위해서이다. 또한 같은 토기로 3회에 걸쳐서 각각 내용물의 용량을 다르게 혼합하여 조리를 하였으며, 실험 B의 경우에는 잉걸불을 이용하여 죽끓이기를 실시해 보았다. 또한 조개 및 채소데치기, 밥짓기 실험을 통해서 각각의 내외면의 패턴을 비교 검토하였다. 다채널 온도계는 〈도 38〉처럼 토기의 바닥면과 토기내부에 각각 설치하여 온도를 측정하였다. 실험A~E의 실험 조건은 〈표 18〉과 같다.

  실험과정은 〈표 20〉, 〈도 39〉와 같이 진행하였다. 실험토기에 각각의 번호를 정해서 한 쪽은 외면 구연부, 다른 한쪽은 내면 구연부에 흰색으로 넘버링을 하여 앞뒷면을 구분하도록 하였다. 실험을 할 노지는 제작 완료 후 불을 피워서 점토를 단단하게 굳히는 작업을 하였다. 다음은 각각의 실험에 사용할 연료 및 곡물을 측정하고, 곡물은 일정시간 불리는 작업을 하

표 18. 실험 토기별 조리실험 조건

실험토기	실험회수	조리내용물	조리방법	비고
실험A	1회차	물1000g+조50g+현미50g	죽끓이기	
	2회차	물1000g+조25g+현미75g	죽끓이기	
	3회차	물500g+조25g+현미75g	죽끓이기	
실험B	1회차	물600g+조25g+현미75g	죽끓이기	
실험C	1회차	물1000g+바지락300g	바지락데치기	끓어오를 때 (10분) 음식물을 넣음
실험D	1회차	물1000g+시금치	채소데치기	끓어오를 때 (25분) 음식물을 넣음
실험E	1회차	물300g+조25g+현미75g	밥짓기	

표 19. 실험 토기별 제원표

실험토기	기고(cm)	구경(cm)	저경(cm)	동체최대경(cm)	부피(ml)
실험A	15.4	15.2	10.4	15.6	1750
실험B	15.2	13.4	8.8	13.2	1125
실험C	18.2	14.6	11.2	16.4	2450
실험D	12.2	16.2	12.8	15.4	1520
실험E	16.2	16	11	14.8	1600

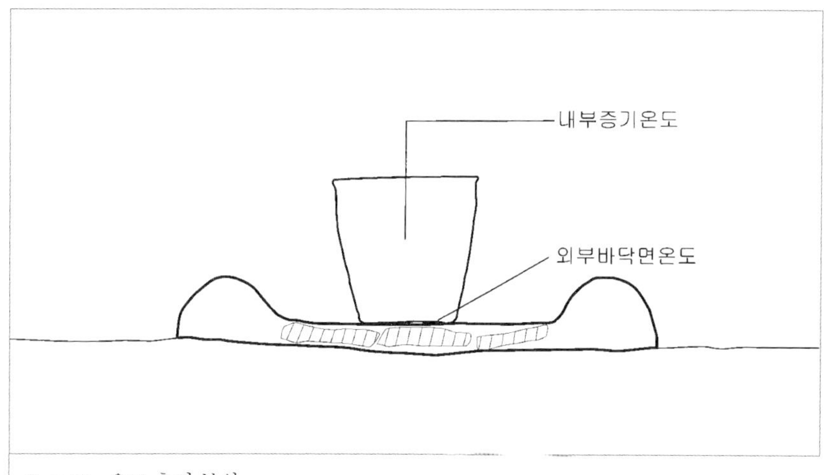

● 도 38. 온도 측정 부위

였다. 실험준비를 완료한 후 노지 위로 바로 실험토기를 놓고 다채널온도
계를 토기내부와 외면 바닥부분에 설치하여 온도를 체크할 수 있도록 하
였다. 음식재료를 넣고 뚜껑을 닫은 다음 잉걸불을 토기의 가장자리로 돌
아갈 수 있도록 놓은 후, 부채질로 불을 조절하였다. 간간히 불이 약해지
면 잉걸불과 잔가지를 넣어서 센 불로 만들었다. 죽끓이기에서는 끓어넘
치는 경우가 있는데 이때 약한 불로 줄였다. 조리가 완성되면 음식물을 덜
어낸 후 토기의 상태를 촬영하고, 내·외면에 남아 있는 흔적들을 관찰하
고 기록장에 기록하였다.

(2) 실험 결과

　죽끓이기부터 조개 및 채소데치기, 밥짓기 실험에서 조리시간, 연료량,
그리고 실험토기의 내·외면에 남은 흔적들은 〈표 21〉과 같이 정리된다.
이를 바탕으로 실험토기별 과정과 결과에 대해 살펴보겠다.

표 20. 심발형토기 실험과정

	심발형토기 실험과정	
①	노지 바닥면 굳히기	노지제작 후 불을 2~3차례 피워서 단단하게 굳힘
②	실험토기 준비	실험토기별로 순서를 정하고 앞뒤를 구분하여 표시 후 세척함
③	각 종 실험 재료 준비	실험에 필요한 연료, 곡물 등을 측정하여 미리 준비해 둠
④	다채널 온도계 설치	노지위에 실험토기를 놓고 바닥면과 내부에 다채널 온도계를 설치함. 실험 준비를 완료한 후 실험토기, 실험장, 날씨 상태 등의 모든 현황을 기록지에 기록함
⑤	잉걸불 놓기	토기 안에 조리할 내용물을 넣은 후 뚜껑을 닫고 불을 피움[13]
⑥	불조절하면서 조리하기	부채질로 불의 세기를 조절하면서 조리실험 함
⑦	끓어 넘침	음식물의 끓어오르면서 흘러넘치는데, 조리물이 100℃에 도달하지 않아도 음식물의 양이나 불의 세기에 따라서 흘러넘치는 모습이 관찰됨
⑧	약한 불로 조절하기	끓어넘친 후에는 불을 약하게 조절하거나 뚜껑을 조금 열어둠
⑨	음식물이 끓는 모습	조리물이 100℃ 가까이 도달한 이후에는 약한 불에서도 어느 정도 그 온도가 유지되면서 조리가 됨
⑩	죽끓이기 조리 완료 후	실험이 완료된 후 음식물의 조리 상태를 확인함
⑪	완성된 조리물 옮겨담기	완성된 조리물을 다른 용기에 옮겨 담음
⑫	실험내용 기록하기	실험한 토기는 세척 전과 후로 나누어서 앞(A), 뒤(B)로 표시해 두었던 것을 기준으로 외면, 내면, 바닥면을 기록지에 기록하고 사진촬영을 함

---

[13] 본 실험에서는 불을 피우는 방법과 바로 옆 부뚜막에 피워두었던 잉걸불로 조리실험을 실시하였는데, 〈도 39〉에서는 잉걸불을 토기 주변으로 돌려서 조리실험을 하는 모습이다.

● 도 39. 심발형토기의 실험 준비 및 과정
① 노지 바닥면 굳이기 ② 실험토기 준비 ③ 각종 실험 재료 준비 ④ 다채널 온도계 설치 ⑤ 잉걸불 놓기
⑥ 불조절하면서 조리하기 ⑦ 끓어 넘침 ⑧ 약한 불로 조절하기 ⑨ 음식물이 끓는 모습 ⑩ 죽끓이기 조리
완료 후 ⑪ 완성된 조리물 옮겨담기 ⑫ 실험내용 기록하기

표 21. 실험별 조리내용 및 토기 상태

실험 토기	실험내용		날씨	조리 시간	끓어오른 시간[14]	연료량[15]	그을음		내면 탄착흔	산화 소실	토기 상태
							외면A	외면B			
실험A	죽끓이기	1회차	맑음	50분	24분	1kg	있음	있음	있음	없음	양호
		2회차	맑음	54분	31분	1.1kg	있음	있음	있음	없음	양호
		3회차	맑음	43분	20분	잉걸불[16]	있음	있음	-	없음	양호
실험B	죽끓이기		맑음	60분	24분	잉걸불	있음	있음	없음	없음	양호
실험C	바지락데치기		맑음	46분	10분	잉걸불	있음	있음	없음	없음	양호
실험D	채소데치기		맑음	30분	25분	잉걸불	있음	있음	없음	없음	양호
실험E	밥짓기		맑음[17]	60분	34분	잉걸불	있음	있음	있음	있음	양호

① 실험 A

실험토기 A는 총 3회에 걸쳐서 실시하였으며, 조리방법은 죽끓이기이다. 음식물을 배합은 〈표 18〉과 같이 회차별로 각각 달리하였으며, 물의 양도 다르게 하여 내면에 탄착흔의 양상도 함께 검토하고자 하였다. 회차별 실험결과를 검토해 보면 다음과 같다.

우선 1회차에서는 하루전날 불려두었던 조50g, 현미50g에 곡물의 10배인 물1ℓ 를 넣었다. 불은 토기 가장자리로 돌아가도록 놓았고, 부채질로 불을 안정적으로 유지시켰다. 음식물이 끓어오른 뒤에는 연료 삽입을 멈추었는데, 이후에도 10분 이상 온도가 유지되고 끓어오르는 상태가 지속되었다. 실험 시간은 총 50분이 경과되었는데 곡물은 설익은 상태였다. 이는 거친 곡물과 불조절을 실패했기 때문으로 추정된다. 토기의 내외면 형성된 흔적은 다음과 같았다. 외면에는 구연부까지 거의 전면에 그을음이 관찰되고 상대적으로 굴곡도가 있는 경부 부분은 그을음이 엷게 형성되었다. 외면 바닥면에는 역시 그을음을 관찰할 수 없었고, 1회의 실험에서는 연료가 놓여졌던 저부 외측면부의 그을음 산화는 관찰되지 않았다. 내면에는 B면에서 계수선 위로

---

[14] 토기의 내부 온도가 100℃에 도달한 시간.

[15] 주로 소나무의 잔가지와 굵은 가지를 섞어서 사용.

[16] 노지실험장 바로 옆에 설치해 두었던 부뚜막에서 굵은 소나무를 잉걸불 상태로 만들어서 사용함.

[17] 약한 바람이 붐.

1.5~2.0cm 정도의 탄착흔이 관찰되었다. 또한 계수선에서 구연부까지는 내면 음식물의 수증기로 형성된 얼룩이 전면으로 돌아가면서 확인되었다.

다음 2회차에서는 1회차의 조리 실패를 참고로 하여 조25g, 현미75g을

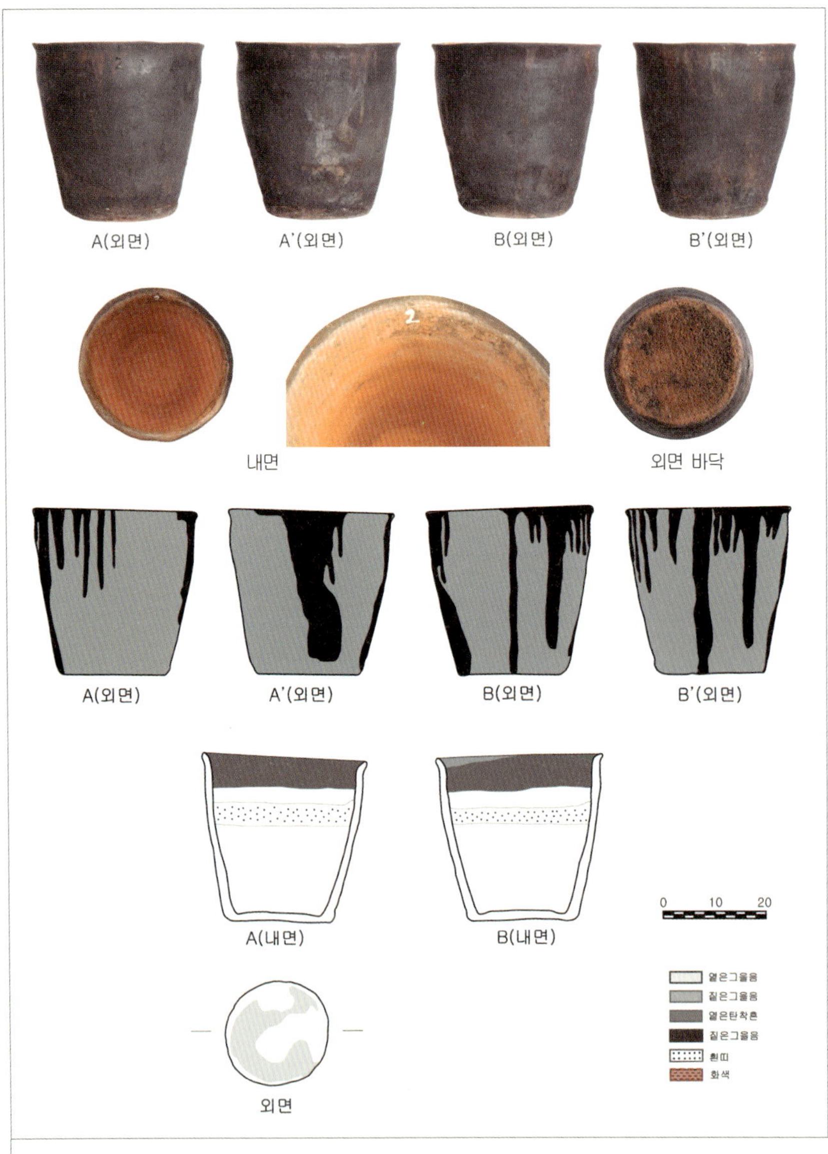

● 도 40. 실험토기A의 최종 내 · 외면에 남은 흔적

불린 후 갈아서 조리실험을 실시하였다. 물은 곡물의 10배에 해당하는
1 *l* 로 하였다. 연료는 1회차와 마찬가지로 토기의 외연부에 놓았다. 불은
연소가 완료된 연료를 빼고 그 위로 잔가지들을 조금씩 올리면서 불의 세
기를 유지하였다. 불의 조절은 부채질로 지속적으로 산소를 주입시키는
방식으로 하였다. 온도가 100℃까지 올라갔을 때 연료 삽입을 중단하였

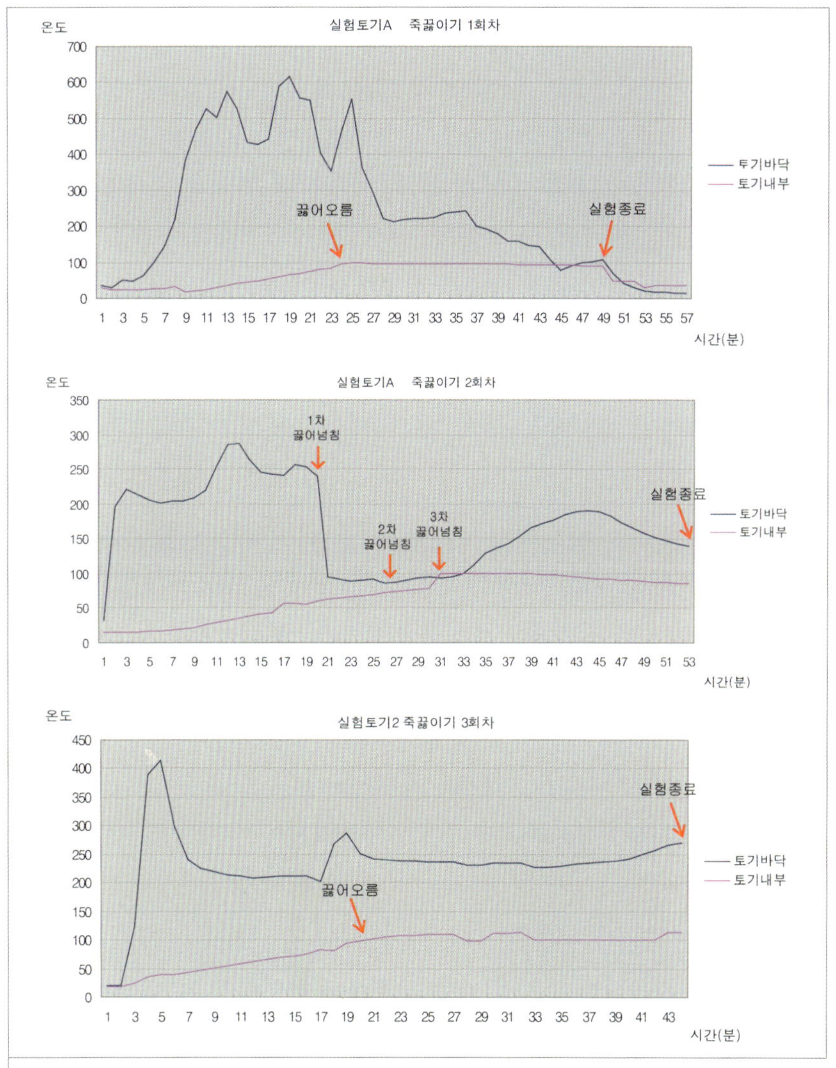

● 그래프 1. 실험토기A(죽끓이기)의 회차별 온도변화

다. 음식은 1회차와 비교해서 잘 조리되었으나 곡물이 덩어리진 상태로 관찰되었다. 이는 조리 중 휘젓기를 하지 않아서 곡물이 물과 잘 섞이지 않았던 것으로 추정된다. 토기의 내외면 흔적을 관찰해 보니, 외면에는 전면에 그을음이 부착되었고 3차례에 걸쳐서 끓어 넘쳐 흘러내린 흔적이 관찰되었다. 또한 저부 외측면에 부분적으로 옅은 그을음이 관찰되는데, 1회차에서 형성된 그을음이 산화된 것으로 추정된다. 내면에는 1회차에서 형성된 탄착흔과 그 위로 다시 탄착흔이 형성되었다. 2회차 실험에서는 1회차와는 달리 3회에 걸쳐서 끓어 넘쳐 흘러내렸는데, 많은 양의 물과 불린 후 갈았던 곡물이 보다 더 걸쭉한 상태로 되었기 때문인 것으로 추정된다.

3회차에서는 1·2회차 실험에서의 문제점들을 참고로 하여 불려서 갈아 두었던 조25g, 현미75g에 곡물의 5배에 해당하는 물 500g을 넣었다. 불의 위치는 1·2회차와 마찬가지로 설치하고, 연료는 잉걸불을 이용하여 조리를 하였다. 토기 내부 온도가 안정화된 후에 연료 삽입을 중단하였다. 끓어오른 뒤 1차례 넘쳐 흘러내렸다. 토기의 내외면 흔적을 보면 외면의 경우 전면에 그을음이 관찰되고 흘러넘친 흔적이 있다. 저부 외측면에 산화된 흔적이 관찰된다. 내면에는 1·2회차에서 형성된 탄착흔이 관찰되지 않고 계수선 위로 얼룩과 토기 표면이 일어나는 현상이 관찰되었다. 이는 연료를 잉걸불로 사용하면서 불의 세기를 중불로 계속 유지하여 끓어넘치지 않도록 유지했기 때문인 것으로 추정된다. 따라서 음식물이 구연부까지 끓어오르는 상태를 계속 유지하였고, 결국 내면에 부착되어 있던 탄착흔이 없어진 것으로 보인다. 또한 계수선 위로 녹말 성분이 묻어서 이것이 굳어가면서 표면이 갈라지고 일어나는 현상이 나타났던 것으로 보인다.

② 실험 B

조25g, 현미75g에 곡물의 6배인 600g을 넣어서 조리 실험을 1회 실시하였다. 불의 위치나 연료는 실험A의 3회차와 동일하게 잉걸불로 하였다. 본 실험에서는 100℃에 도달하기 전·후 2차례에 걸쳐서 넘쳐 흘러내렸다.[18] 토기의 내외면에 남은 흔적을 살펴보면 외면에 저부 외측면과 구연

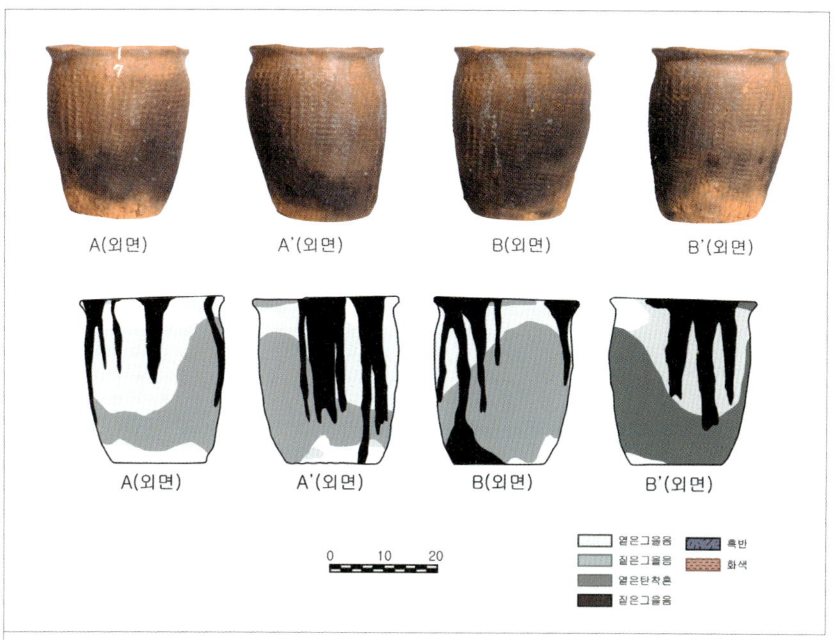

● 도 41. 실험토기B의 내·외면에 남은 흔적

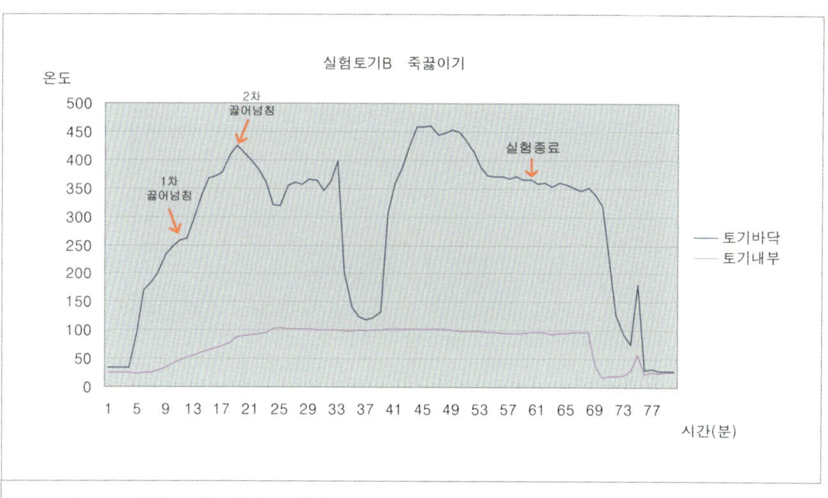

● 그래프 2. 실험토기B의 온도변화

18 표에서 온도가 급감하는 시점이 보이는데, 이는 실험 중 온도계가 빠지면서 일어난 경우이다.

부 일부를 제외하고 전면에 그을음이 관찰된다. 실험A와 비교해서 외면에 그을음이 전면으로 뒤덮이지 않았다. 이는 실험A의 1~2회차 실험에서 연료로 잔가지를 많이 사용해서 실험을 했기 때문에 연기가 많이 나지 않는 잉걸불로 조리한 실험B와 외면 그을음 차이가 관찰된 것으로 보인다. 내면에는 탄착흔이 관찰되지 않는다.

③ 실험 C

본 실험에서는 끓는 물1 *l* 에 바지락 300g을 넣어서 데치기 실험을 실시하였다. 연료는 잉걸불로 이용하였다. 끓어오르는 시점에 바지락을 토기내부에 넣었는데 일시적으로 10℃가량 하강하였다. 토기의 내·외면

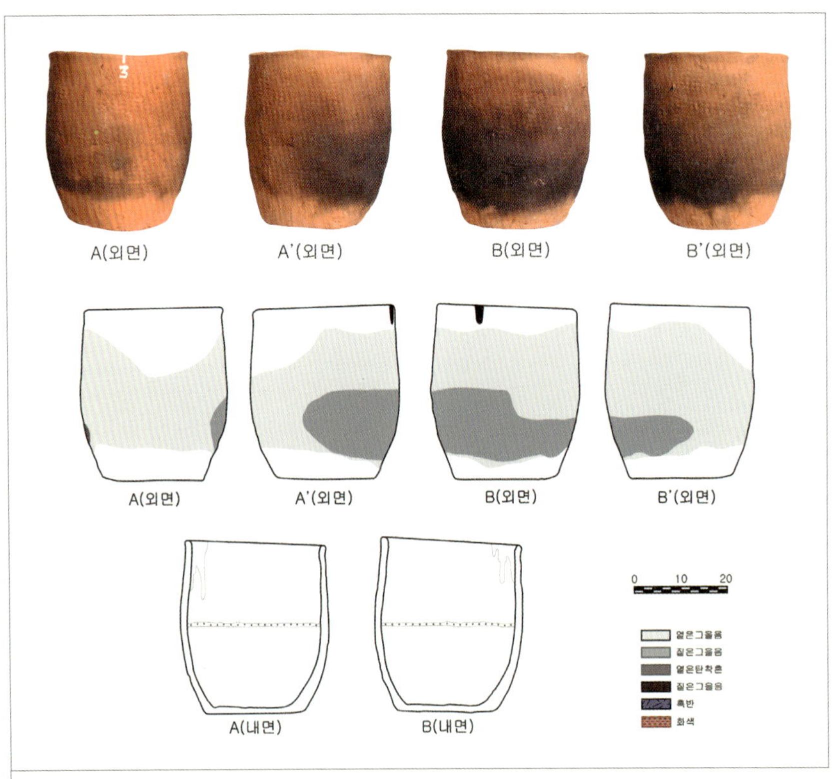

● 도 42. 실험토기C의 내외면에 남은 흔적

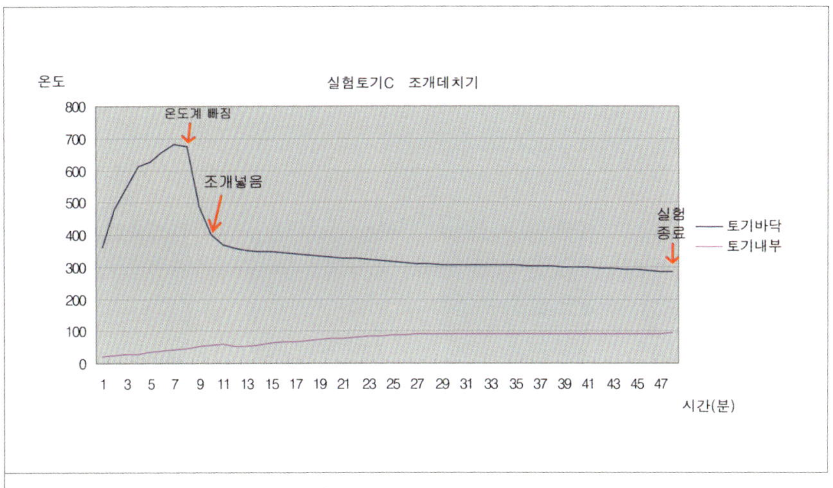

● 그래프 3. 실험토기C의 온도변화

상태를 관찰해 보면 외면에는 동체부에 그을음이 형성되어 있고 구연부에 일부 확인된다. 또한 저부 외측면에 거의 그을음이 관찰되지 않고 산화 소실된 부분[19]이 관찰된다. 내면에는 내면 수증기에 의한 얼룩이 계수선에서 구연까지 확인된다.

④ 실험 D

본 실험에서는 끓는 물 1 *l* 에 시금치를 넣어서 채소데치기를 하였다. 연료는 잉걸불을 이용하였고, 배치는 앞선 실험과 동일하게 하였다. 실험결과 실험A~C에 비해서 끓어오르는 시간이 상당히 소요되었는데, 이는 잉걸불을 삽입하면서 부채질을 통한 산소공급이 제대로 이루어지지 않았기 때문인 것으로 추정된다. 채소는 물이 100℃로 끓어오를 때 넣었고, 5분뒤 채소를 꺼냈다. 토기의 내·외면 흔적을 관찰해 보면 외면에 구경부와 저부 외측면을 제외하고 전면에 그을음이 관찰된다. 한편 외면B의 경

---

19 산화 소실된 부분은 불의 세기가 갑자기 센 불로 불길이 올라왔던 부분이다.

우에는 저부 외측면에 완전히 연소된 재가 놓여 있었던 부분으로 그을음
이 부착되지 못했다. 내면에는 계수선 아래로 얼룩이 관찰된다.

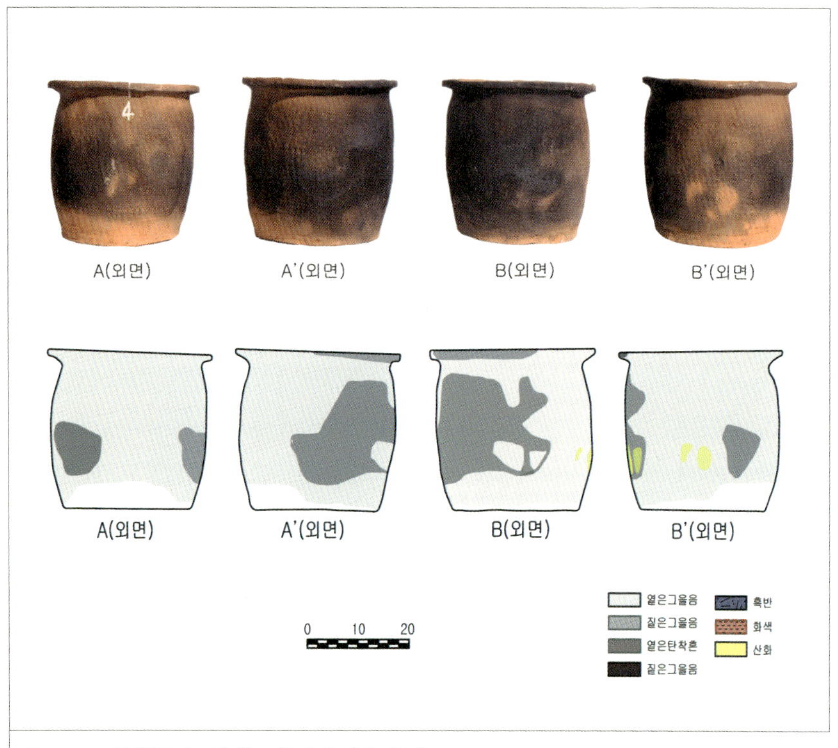

● 도 43. 실험토기D의 내 · 외면에 남은 흔적

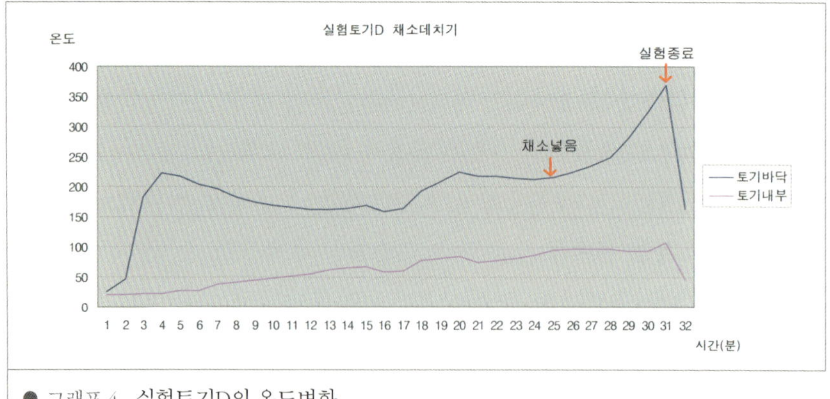

● 그래프 4. 실험토기D의 온도변화

⑤ 실험 E

본 실험에서는 조25g, 현미75g에 물300g을 넣어서 밥짓기 실험을 하였고 불은 잉걸불로 하였다. 실험 초반에 온도계 설치가 잘못되어 13분경에

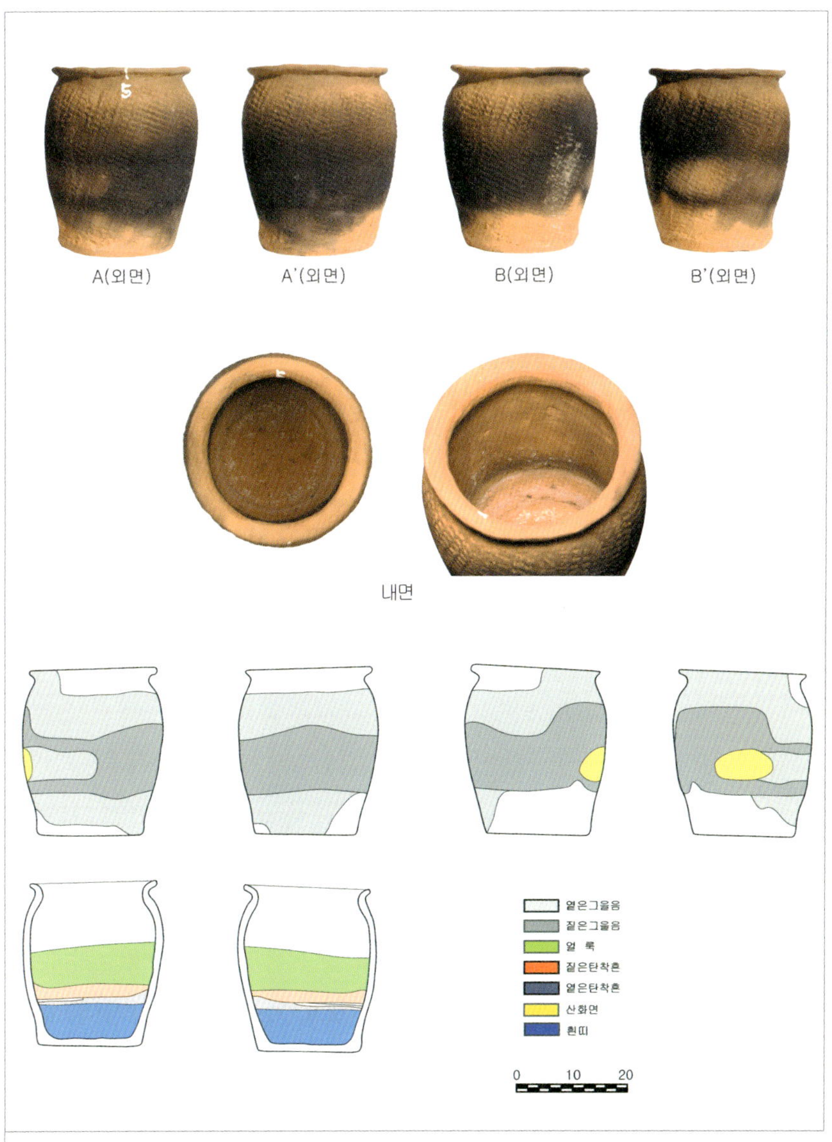

● 도 44. 실험 토기E의 내·외면에 남은 흔적

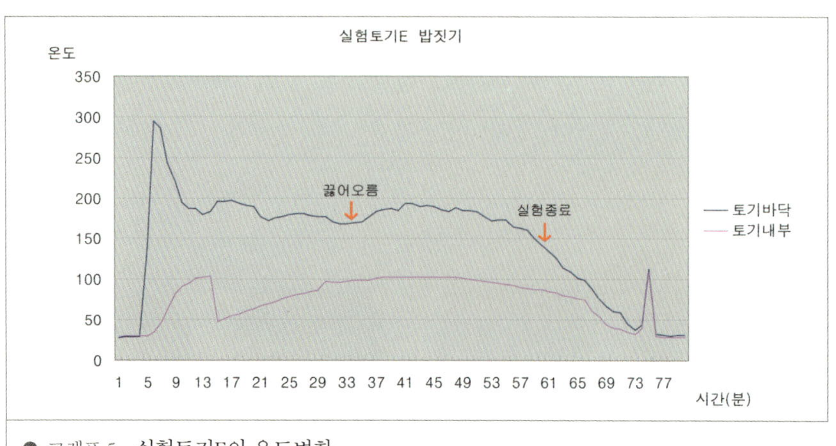

● 그래프 5. 실험토기E의 온도변화

온도계 위치를 변경하여, 15분경부터 다시 온도가 상승하기 시작했다. 잉걸불을 사용했음에도 불구하고 앞선 실험들과 마찬가지로 100℃에 도달한 이후에도 그 온도가 20분 이상 유지되었고, 조리 상태도 양호했다. 토기의 내외면 흔적을 관찰해보면 외면에는 저부 외측면을 제외하고 전면에 그을음이 형성되어 있고 구경부에는 옅은 그을음이 확인된다. 그리고 외면A에 산화 소실된 부분이 확인된다. 내면에는 띠상의 탄착흔이 관찰되고 그 위로 수증기에 의해 형성된 얼룩이 구연부까지 확인된다.

3) 소결

이상과 같이 심발형토기로 다양한 조리실험을 실시하였다. 위 실험결과를 종합적으로 검토하고 실제 고고자료와 비교하여 공통점과 차이점을 살펴보고자 한다.

우선 각각의 조리 실험토기들의 내외면에 남아 있는 흔적들이다. 고고자료와 비교하여 조리방식을 유추해보면, 〈도 45〉는 풍납토성 출토 자료와 실험토기 B이다. 두 점 모두 동체 중하부~구연일부까지 그을음이 남아

있고 끓어 넘쳐 흘러내린 흔적이 관찰된다. 이는 밥짓기나 죽끓이기, 스프 등 유동성이 있는 음식물을 조리할 때 나타나는 현상이었음을 확인할 수 있다. 즉 유동성이 있는 음식물을 조리할 때는 오늘날 가정집에서 조리할 때도 음식물이 거품과 함께 음식물이 부풀어 오르는 듯이 위로 올라오다가 순식간에 넘쳐서 흘러내리는 현상을 볼 수 있다. 이러한 양상은 실험내용 중 주로 데치기 실험을 했던 C와 D에서는 확인할 수 없는 흔적이다.

다음은 불의 위치관계인데, 〈도 46〉을 보면 실제 고고자료와 실험토기

● 도 45. 풍납토성 출토 심발형토기(좌)와 실험토기 B

● 도 46. 풍납토성 출토 심발형토기(좌)와 실험토기 E

● 도 47. 솥받침을 이용하여 실험한 사례

의 저부 외측면에는 그을음이 없고 그 위로 그을음이 형성된 것을 관찰할 수 있다. 또한 저부 바닥면에도 그을음을 관찰할 수가 없다. 이는 앞서 실험내용에서도 밝힌바 있듯이 노지 바닥면 바로 위로 토기를 안치하고 그 주변으로 연료를 돌린 사례이다. 이 경우 저부 바닥면에 토기가 움직이면서 일부 그을음을 묻기도 하지만 노지바닥과 접하고 있어 연매가 들어갈 틈이 없다. 그리고 저부 외측면으로는 불이 직접 닿는 곳이기 때문에 그을음이 남지 않고, 그을음이 부분적으로 형성되어도 산화 소실되어 버린다. 〈도 46〉의 실험토기 E에서 윗편에 그을음 형성된 부분 안으로 봉형으로 산화 소실된 것을 확인할 수 있다. 이는 소실된 부분에 집중적으로 불을 받았기 때문이다. 한편 〈도 47〉의 사례는 솥받침을 사용하여 밥짓기 실험을 한 것인데, 그을음이 저부 외측면 끝단부터 형성되어 있는 것을 알 수 있다. 또한 짙은 그을음의 양상도 동체 - 저부 경계면부터 시작되고 있다. 이러한 양상은 그 실험내용을 별도로 게재하지는 못했지만 고고자료에서도 확인되고 있는 사례이며, 노지에서도 솥받침을 심발형토기나 석재로 사용한 사례가 있다. 따라서 심발형토기는 노지 바닥면 바로 위나 솥받침 위에 얹어서 사용하는 방식이 병행되었음을 알 수 있다.

　마지막으로 불의 세기 조절과 연통부가 없는 노지에서의 연기 배출 문제이다. 먼저 불의 세기 조절은 노지 실험에서는 부뚜막 실험에 비해 불 조절이 가장 힘들며, 연기를 어떻게 배출할 것인가도 해결해야 할 큰 과제였다. 이를 해결하기 위해 잉걸불을 사용하였는데 이것은 연기를 많이 일으키지 않고 부채질로 불의 세기[20]를 조절할 수 있었다. 연기를 아무리 잘 배출시킬 수 있는 구조의 주거지라 하더라도 조리 시에는 어려움이 있었을 것이다. 고고자료에서 구연부까지 그을음이 형성되어 있지 않는 사례도 관찰되고 있기 때문에 잉걸불이나 숯 등도 이용했을 가능성이 높다. 더구나 부뚜막과 병행

---

[20] 잉걸불의 경우 불꽃이 올라오지 않았음에도 불구하고 조리를 하는데 아무런 지장이 없었고 오히려 잔가지를 이용할 때 보다 부채질로 약한불~센불로의 조절이 용이하였다.

해서 조리했던 시기에는 숯이 부뚜막에서 바로 공급이 용이했을 것이다.

한편 노지에는 부뚜막에 비해 끓어오르기까지 상당한 시간이 걸렸다. 이는 부뚜막처럼 열이 제대로 차단되어 집중되지 못하는 구조적 차이점 때문인 것으로 보인다. 하지만 한번 100℃로 끓어오르면 상당시간 그 온도가 유지되는 것을 확인할 수 있었다.

이상과 같이 미흡하나마 심발형토기로 다양한 접근을 시도해 보았다. 물론 실험토기의 재현문제나 실험내용의 다양성에 부족한 면이 없잖아 있었던 것은 사실이다. 하지만 심발형토기가 유동성 있는 음식물을 주로 조리했었다는 사실, 노지의 바닥면이나 솥받침 위에서 사용되었다는 사실 등이 확인되었다는 점에서 이번 실험은 충분한 성과가 있었다고 보여진다. 그리고 연료의 절약과 그을음의 감소에 용이한 잉걸불 사용의 가능성 역시 매우 중요한 성과였다고 볼 수 있다.(정수옥 · 김미연 · 한윤선)

3. 시루의 조리실험에 대한 분석과 해석

1) 실험목적과 방법

이 실험은 2008년 장란형토기-부뚜막 실험의 연장선으로 장란형토기가 주로 물을 끓이는 용도로만 사용되었음이 사실로 확인됨에 따라(食文化探究會 2008b), 시루를 이용한 취사(밥짓기) 가능성을 확인하고자 시도되었다. 즉, 취사실험을 통해 장란형토기로 밥을 짓지 않았다는 사실이 밝혀지면서 주거지 내 부뚜막 주변 출토비율이 높고 취사용기가 확실한 시루를 그 대안으로 생각하게 된 것이다. 따라서 이번 2차년도 실험은 밥을 짓는데 쓰이는 용기로서 시루의 가능성과 효율성을 확인하는데 그 목적이 있다.

실험은 부뚜막과 토기에서 보이는 지역간 차이를 고려하면서 장란형토기에 시루를 얹혀 부뚜막에서 밥을 짓는 방식으로 이루어졌다. 부뚜막,

시루, 장란형토기를 지역적 특징에 따라 서울경기권과 충청전라권으로 나누어 각각 따로 제작한 다음 동일한 방식으로 반복실험을 실시하여 데이터를 확보하였다. 실험에 앞서 부뚜막[21]과 시루·장란형토기[22]는 서울경기권과 충청전라권의 형태적 특징을 평균 수치화하여 제작하였는데, 부뚜막의 경우 삼국시대 주거지 가운데 잔존상태가 양호한 서울경기권의 하남 미사리유적 서울대 B-2호 주거지(윤세영·이홍종 1994)와 충청전라권의 익산 사덕유적 9호 주거지(호남문화재연구원 2007)를 대상으로 하였다. 또한 실험용 곡물은 이 시대의 유적에서 주로 출토되는 쌀(현미), 콩, 보리, 조, 팥을 가공하지 않은 상태로 준비하여 일정 비율로 섞어 물에 불린 후 사용하였으며, 취사 시간대별 각 부분의 온도변화 과정을 다각적으로 측정하기 위해 시루와 장란형토기에 다채널온도측정기를 설치하였다.

실험은 서울경기권과 충청전라권 모두 동일한 조건으로 6차례에 걸쳐 실시되었는데 취사시간별 시루와 장란형토기의 내·외면과 시루 내 곡물의 온도변화, 곡물과 수분의 증감 등을 매회 동일한 조건으로 측정하는 방식으로 진행되었다. 가급적 전산장비를 이용하여 수치화된 결과를 도출하고자 하였으며, 밥이 잘 되었는지의 완성도를 판단하기 위해서 시루와 장란형토기의 내·외면을 실측하여 취사흔적을 살펴보았다.

2) 실험조건 및 내용

(1) 실험조건

실험조건은 서울경기권과 충청전라권 시루·장란형토기에 동일하게

---

[21] 대상으로 선정된 부뚜막은 사진과 도면을 참고해서 실제형태와 규모, 솥걸이나 솥받침 등의 내부 시설, 제작방식, 재료 등을 최대한 원형에 가깝게 하여 축조하였다.

[22] 제작과정에서 생기는 수축률을 미리 계산하여 원재료의 크기나 두께 등의 차이까지 예상하여 만들었다.

적용하였고 곡물조건은 아래의 〈표 22〉와 같다.

표 22. 실험별 곡물 조건

실험 1	밥짓기(물1.5 *l* +곡물600g(=현미200g+조200g+콩100g+팥100g))	불린시간: 1시간 30분
실험 2	밥짓기(물1.5 *l* +곡물450g(=현미100g+조150g+콩100g+팥100g))	불린시간: 17시간
실험 3	밥짓기(물1.5 *l* +곡물450g(=현미100g+조150g+콩100g+팥100g))	불린시간: 17시간
실험 4	밥짓기(물1.5 *l* +곡물450g(=현미100g+조150g+콩100g+팥100g))	불린시간: 17시간
실험 5	밥짓기(물1.5 *l* +곡물600g(=현미200g+기장200g+콩100g+팥100g))	불린시간: 1시간 30분
실험 6	밥짓기(물1.5 *l* +곡물400g(=현미400g))	불린시간: 1시간 30분

한편, 장란형토기의 물량은 1.5 *l* 로 설정하였고, 회차별 조리흔을 관찰하기 위해 곡물량에 차이를 두었다. 또한 곡물은 고고자료에서 출토된 탄화곡물을 참고하였으며, 비율은 전체 양에 비례하도록 조절하였다. 곡물을 불린 시간은 1시간 30분과 17시간으로 차이를 두고 비교해 보았다. 연료는 소나무 장작을 사용하였으며, 배합은 솔잎과 잔가지를 이용하였다.

온도측정은 다채널온도측정기를 이용하여 취사용기에 3개 지점(시루 내부의 증기, 시루 내 곡물, 장란형토기 내의 물), 적외선 온도계를 이용하여 2개 지점(부뚜막 외벽과 연통)의 온도를 측정하였다(도 48). 시루 바닥에 받치는 천은 마포를 사용하였다. 시룻번은 1회에서는 밀가루를 부착하였다가 시룻번을 떼어내면서 기면 박락이 되어 2회부터는 점토로 바꾸어 계속 사용하였다.

시루는 깨지거나 금이 가는 경우가 없어서 6회의 실험 내내 사용하였다. 그러나 장란형토기는 사용 도중 금이 가서 서울경기권에서는 2개, 충청전라권에서는 모두 3개가 사용되었다. 그리고 실험결과에 따라 5·6회에서는 조건을 달리하여 물이 끓은 후 10분 뒤부터 수분공급을 각 200g씩, 10분마다 3차례씩 곡물 위에 부어주었다.

(2) 실험내용

먼저 실험 결과를 표로 간략하게 정리하면 아래의 〈표 23〉, 〈표 24〉와 같다.

표 23. 서울경기권(Ⅰ)과 충청전라권(Ⅱ) 실험 결과 비교표(1)

실험내용		시루를 이용한 밥짓기					
실험토기 사용 및 기상조건	시루	A					
	장란형토기	1번		2번, 3번(충청전라권 6회만 사용)			
	실험	1회	2회	3회	4회	5회	6회
	날씨	맑음 (25.4℃,16%)	맑음 (25.2℃,38%)	맑음 (25.4℃,24%)	맑음 (25.4℃,18%)	맑음 (25.3℃,21%)	맑음 (25.4℃,15%)
서울 경기권 (Ⅰ)	조리시간	45분	47분	30분	55분	57분	50분
	끓어오른시간	18분	27분	6분	12분	35분	24분
	연료량	6.5kg	7.0kg	8.5kg	4.2kg	6.5kg	5.5kg
충청 전라권 (Ⅱ)	조리시간	45분	47분	30분	55분	57분	45분
	끓어오른시간	20분	20분	8분	13분	22분	16분
	연료량	4.5kg	3.2kg	3.3kg	3.5kg	4.5kg	3.5kg
곡물익는 정도	차이) 5·6회실험 수분공급3회 (각 200g)	익기는 하나 찰기없음	익기는 하나 찰기없음	콩만 덜익음	익기는 하나 찰기없음	밥이 잘됨	밥이 잘됨
실험 회차간격	실험일시	09.04.18 13:55~15:05	09.04.19 09:17~10:20	09.04.19 11:00~11:40	09.04.19 12:45~13:40	09.05.09 11:43~12:53	09.05.09 16:46~17:56

이를 바탕으로 해서 각 조건(기상, 연료량 등등)과의 관련성에 의한 밥 짓기의 시간차와 익는 정도, 각 지역별 토기에 남겨진 사용흔을 중심으로 회차별 흔적을 비교하여 실험 결과를 살펴보겠다. 이와 함께 시루를 이용한 밥짓기에 대한 취사형태를 정리해 보도록 하겠다.

첫 실험의 결과는 온도센서 측정결과 물이 끓는 시점이 18~20분대로 서울경기권과 충청전라권의 시간차는 별로 크지 않았으며 조리시간도 전체 45분으로 거의 비슷하였다. 하지만 연료량은 지난 물끓이기 실험(食文化探究會, 2008b)에서와 같이 서울경기권의 연료량이 2kg 더 들었으며 연료조절이 2회부터는 점차 안정되어 효율적으로 진행되었다. 하지만 완성된 밥이 익어도 찰기가 없거나 콩만 약간 설익은 채 밥짓기가 완료되는 경우도 있었다.

한편, 시룻번은 맨 처음 밀가루를 이용한 결과, 반죽된 밀가루가 시루 외벽과 함께 떨어지면서 기면박락이 이루어졌다. 따라서 2회부터는 시룻번을 밀가루 대신 고운 점토를 이용하여 돌렸고, 더 이상의 기면 박락은

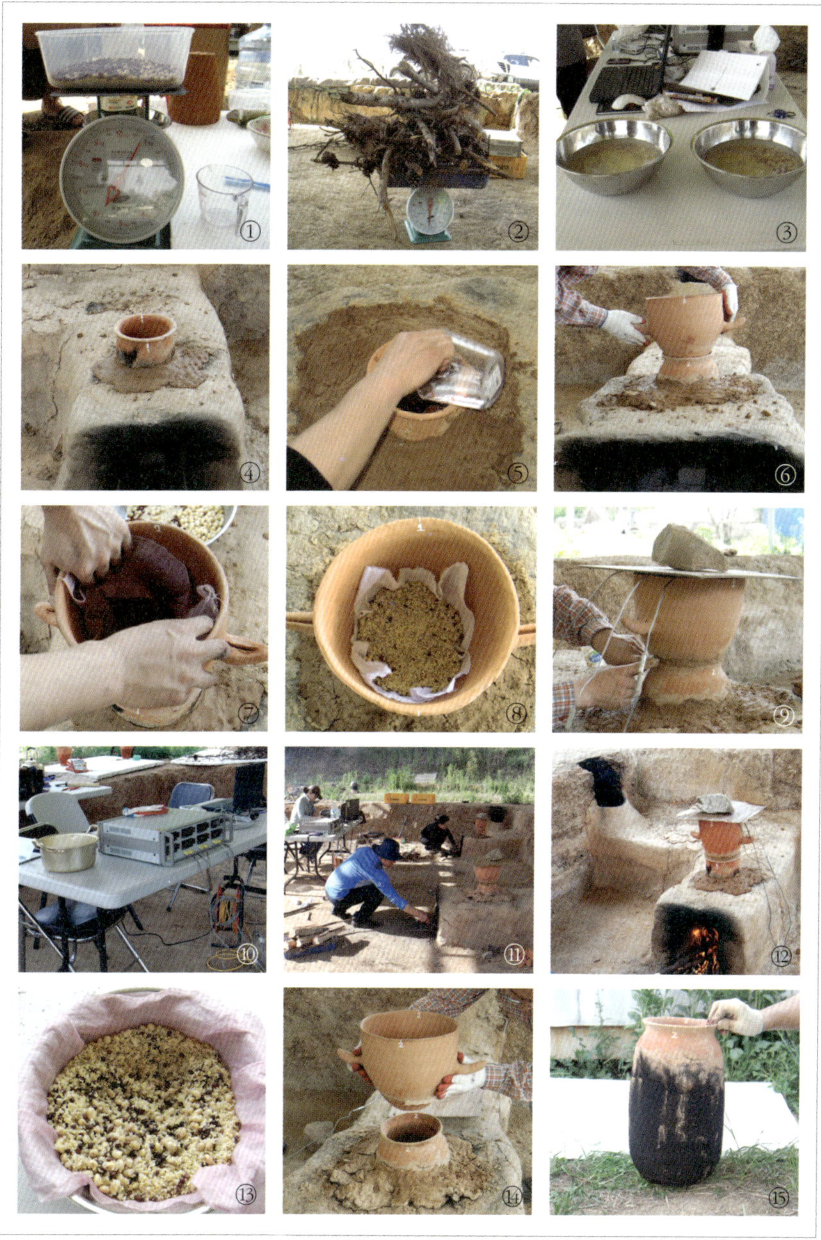

● 도 48. 시루 실험 준비 및 과정
①② 곡물량 및 연료 무게 측정하기 ③ 곡물 씻고 불리기 ④ 장란형토기 안치 후 점토로 메우기 ⑤ 장란
형토기에 물1.5 ℓ 넣기 ⑥ 장란형토기에 시루 안치하기 ⑦ 시루내 마포깔기 ⑧ 불린 곡물넣기 ⑨ 시룻번
붙이고 온도센서기 장착 ⑩ 다채널 온도센서기 모습 ⑪ 불 피우기 ⑫ 끓기 시작하는 모습 ⑬ 옮겨 담은
완성된 조리물 ⑭ 장란형토기와 시루 분리하기 ⑮ 실험 완료 후 토기 관찰·기록하기

이루어지지 않았다. 시루 사용흔 양상을 보면, 밀가루 시룻번과 점토 시룻번으로 부착한 부위에서 확연히 차이를 보였다. 실험토기A 시루와 장란형토기로 2회까지 밥짓기를 거듭하면서 시루는 바닥 안쪽에 엷은 탄착흔이 생성되었는데 이것은 천이 고열로 인해 탄화된 흔적이었다. 이 현상은 6회까지 계속 확인되는데 현 고고자료에서는 확인되지 않는 부분이므로 그 원인을 규명해야한다. 앞서 충청전라권의 장란형토기 사용흔에서도 실험토기의 후면부에 그을음이 입혀진 것과 고고자료에서는 보이지 않은 것에 대한 원인으로 숯의 사용을 언급한 적이 있는데(食文化探究會, 2008b) 시루내면 바닥의 탄화 흔적 또한 그럴 가능성이 있다. 즉 숯으로 열기를 조절했다면 고열로 인한 기벽 내 탄착흔이 생성되지 않을 것이기 때문이다. 1번 장란형토기의 사용흔은 2회 실험에서 연속 사용되면서 피열부위가 1회 실험보다 점점 넓게 형성되며 불이 치고 올라가는 위치인 토기 하부와 중부에 나뉘어 형성되었다. 외면 바닥에는 솥받침 흔적이 나타나 있다. 내면에는 수면이 줄어들면서 계수선과 물거품 흔적이 하얗게 나타나며 일부 엷은 탄착흔이 형성되었다.

2회 실험 후에는 장란형토기가 서울경기권과 충청전라권 모두 하부에 금이 가는 현상이 나타나서 3회 실험에서 2번 장란형토기로 교체하였다. 2번 장란형토기 서울경기권은 3회 실험부터 6회까지 총 4회간 토기상태가 양호하였으며, 충청전라권은 3회부터 5회 실험동안 3번째 사용도중 하부에 금이 갔다. 장란형토기의 총 사용회수가 4회 이상을 넘지않은 원인은 제작 당시 도기토와 마사토(비짐)비율을 7 : 3으로 섞어 굵은 사질점토(비짐)를 다량 혼입하였음에도 불구하고 비짐의 양이 적었던 것으로 생각되어지며 추후의 실험에서 보완할 예정이다.

3회 실험은 2회 실험 후 40분이 경과한 뒤에 바로 진행하게 되어 부뚜막의 온도가 채 식지 않은 상태에서 이루어졌다. 따라서 물이 끓는 시점이 빨라졌고 조리시간도 임의로 비례해서 진행한 결과 콩이 덜 익는 현상이 발생하였다. 온도센서기의 측정을 고려해 보면 장란형토기의 물과 시루 내부의 음식물 온도가 100℃ 이상 일정하게 유지되는 시간이 30분 이상임

표 24. 서울경기권과 충청전라권 시루 · 장란형토기 조리흔 결과 비교표(2)

지역권	실험토기	기고 (cm)	부피 (ℓ)	부뚜막에 걸린 높이(%)	외면 그을음		내면 탄착흔	솥 받침흔	외면 산화와 내면탄착 대응	토기 상태	사용 회수
					전면 (외A면)	후면 (외B면)					
서울 경기 권	시루1번	23	7	-	-	-	있음	-	-	양호	6회
	장란형토기1번	35.4	11	84	전체	전체	있음	있음	외면산화	하부금감	2회
	장란형토기2번	40.3	13	79	전체	전체	있음	있음	외면산화	양호	4회
충청 전라 권	시루1번	24.2	5.2	-	-	-	있음	-	-	양호	6회
	장란형토기1번	40.6	8	81	전체	전체	있음	있음	외면산화	하부금감	2회
	장란형토기2번	39.4	6.8	90	전체	전체	있음	있음	외면산화	하부금감	3회
	장란형토기3번	41.4	6.5	76	전체	전체	있음	있음	외면산화	양호	1회

에도 불구하고 콩이 덜 익는 결과를 낳아 4회 부터는 음식물과 물의 온도 100℃ 이상을 40분 이상 유지하도록 하였다.(그래프 6) 시루내부의 증기 온도는 조리완료 30분에 연료 일부를 빼내었을 때 서울경기권이 충청전라권에 비해 서서히 하락하였다. 또한 서울경기권의 시루 내 음식물은 끓는 물의 온도까지 빠르게 도달하는 반면에 충청전라권은 더디게 100℃ 에 이른다. 이것은 서울경기권 부뚜막의 아궁이가 넓어 산소의 공급이 원활히 이루어져 불의 순환이 빠르며 구조물을 석재와 점토로 제작하였기 때문이다. 장란형토기의 사용흔적은 횟수를 거듭할수록 피열부위가 넓어지고 짙은 그을음이 탈락되면서 엷은 그을음이 다시 입혀지는 현상이 보였다. 내면에도 계수선과 엷은 탄착흔의 범위가 넓게 남아있다.

5회와 6회 실험에서는 1회부터 4회까지의 실험결과 밥이 익기는 하나 찰기가 없어 조건을 수정하여 실험하였다. 즉, 수분공급을 위해 물이 끓고 난 후 물을 200g씩, 약 10분간격으로 3차례 곡물 위에 직접 뿌려주었다. 그 결과 수분을 공급할 때마다 음식물의 온도가 일시적으로 하락하는 현상이 온도측정에서 나타났으며 시루내부의 증기온도도 불안정하였으나 (그래프 7) 곡물의 찰기는 훨씬 강해졌다. 시루와 장란형토기의 사용흔을 보면 실험의 회차가 진행될수록 산화부와 그을음의 범위가 넓어지는 양상을 보이며 서울경기권과 충청전라권의 차이는 보이지는 않았다.(도 49 · 50) 그러나 충청전라권의 시루외면 바닥에 엷은 탄착흔이 생성되었다.

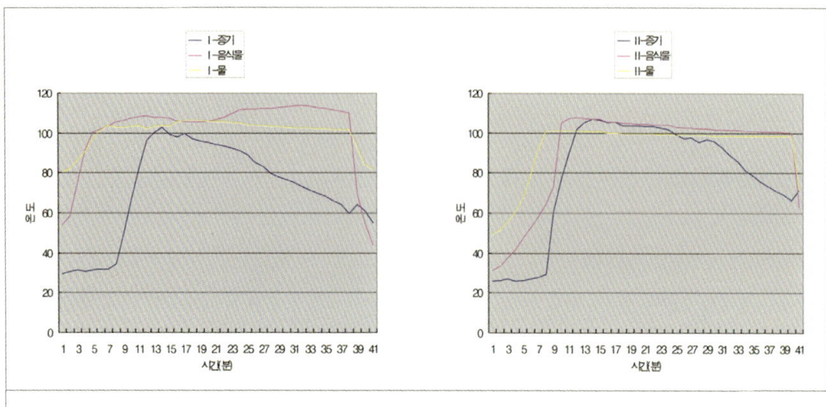

● 그래프 6. 서울경기권(I)과 충청전라권(II) 3회 실험결과 온도그래프 비교(1)

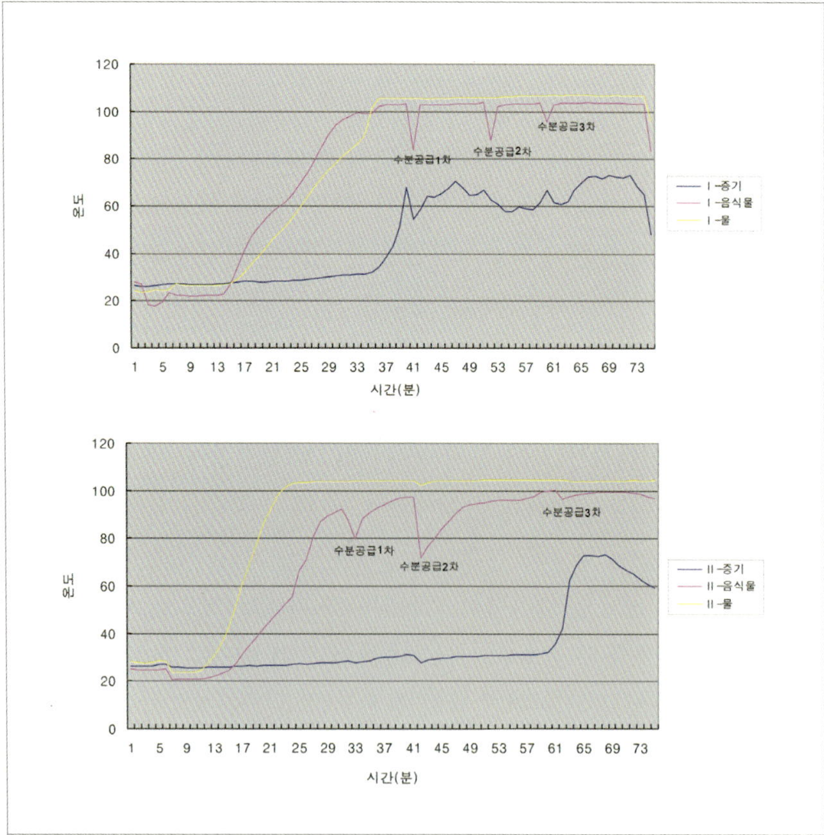

● 그래프 7. 서울경기권(I)과 충청전라권(II) 5회 실험결과 온도그래프 비교(2)

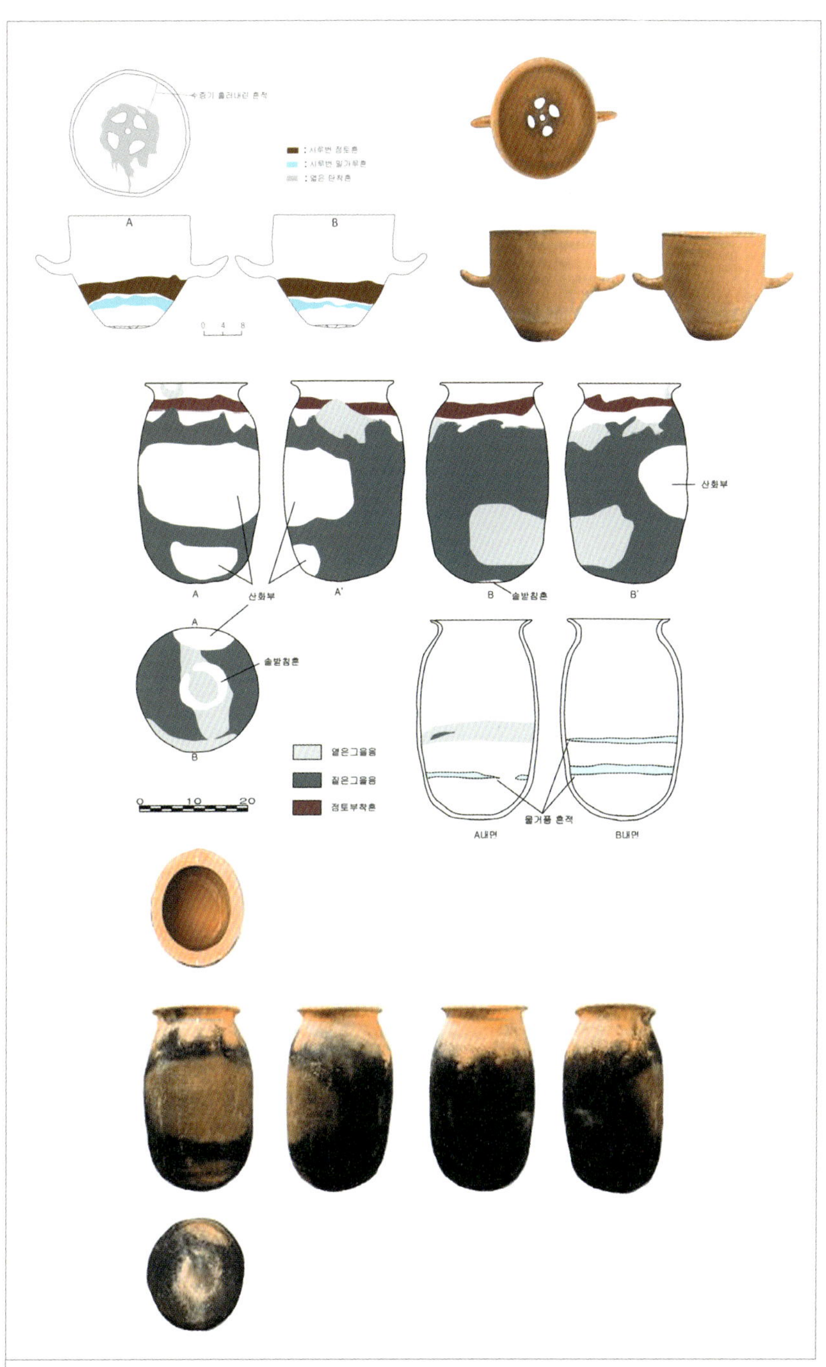

도 49. 서울경기권 실험토기 시루 1번 · 장란형토기 1번의 사용흔 양상

도 50. 충청전라권 실험토기A 시루 1번 · 장란형토기 2번의 사용흔 양상

3) 소결

　총 6회의 시루 조리실험을 토대로 밥짓기 취사용기로서 시루의 가능성과 효율성에 관한 몇 가지 주목할 만한 사실들을 알 수 있었다. 우선, 밥을 짓는 중간 중간에 물을 뿌려 주거나 저어주지 않으면 대체로 밥이 설익거나 찰기가 느껴지지 않고 심지어 바닥쪽 곡물은 타버리기까지 하여 정상적인 밥이 되지 않는다는 점이다. 고구려의 안악 3호분 벽화에서도 살펴볼 수 있듯이(도 51), 국자 같은 것을 이용하여 음식물을 아래쪽에 있는 것이 위로 올라오고 위쪽에 있는 것이 아래로 내려가도록 저어주면서 열을 고루 받아 잘 익게끔 하거나 물을 뿌려주는 과정이 필요한 것이다. 그러나 이는 시루 크기와 곡물의 양이 일정 수준을 넘을 경우 행해지는 일시적 방편에 불과할 뿐 보편적인 일상 취사방식으로 보기 어렵다. 고구려 시루에 비해 좁고 긴 형태를 가진 백제권 시루에는 적합한 방식이 아닐 뿐더러[23]

● 도 51. 안악 3호분 주방도

아직까지 전승되는 민간의 시루 사용방식을 살펴보더라도 중간에 뚜껑을 개봉하여 저어주거나 수분보충을 해주는 일은 드물기 때문이다.

이와 함께 시루 바닥면의 증기가 통하는 구멍 주위로는 곡물이 일부 탄화될 정도로 강한 열전도가 나타난다는 점이 확인되었다. 하지만 아직 탄화원인에 대해서 명확한 해답을 제시할 수 없기 때문에 향후의 검토를 필요로 한다. 다만 시루구멍에 천 대신 무 등을 썰어 받치거나 대나무로 엮은 받침을 이용하는 등의 민속사례나 좀 더 糊化가 잘되는 곡물을 이용하는 방법, 저화도로 계속 가열하는 방법, 장란형토기에 시루를 좀 더 깊이 삽입하는 방법 등도 고려해 볼 수 있을 것이다.

한편 시루와 결합되어 사용된 실험 장란형토기의 경우 고고자료와 가장 큰 차이를 보이는 점은 토기 전면에 걸쳐 그을음이 동체상부까지 확인된다는 점이다. 기존 장란형토기 실험에서 그 같은 결과를 얻은 바 있으나, 이번 실험 사례까지 더해져 실험 장란형토기 전면의 그을음은 고고자료와의 차이점으로 남겨졌다. 전고에서도 언급되었지만(食文化探究會 2008b) 장란형토기 가운데 일부 특히, 서울경기권 장란형토기는 전면(前面)에 그을음이 확인되는 경우가 있지만 충청전라지역의 경우 대부분의 토기에는 거의 그을음이 확인되지 않는다. 반복 사용으로 인한 산화흔만 발견될 뿐 새까맣게 그을음이 부착된 실험토기와 확연하게 다른 모습이다.

이에 충청전라권에서는 취사에 숯을 연료로 사용하였을 가능성을 생각해 볼 수 있다. 이 지역의 장란형토기 외면에 탄착흔이나 피열부의 흔적이 미약하므로 장작불보다는 숯을 사용하였을 가능성이 높기 때문이다. 게다가 충청전라권의 부뚜막은 서울경기권에 비해 좁고 작아 취사 시, 연료 주입이 어렵다는 점도 그 가능성을 뒷받침 해주고 있다. 하지만 이 문제는 부뚜막과 취사방식의 지역성에 대한 전면적인 재고까지 요하는 문제

---

23 실험에서 뚜껑을 열어 물을 뿌리고 국자를 이용해 곡물을 저어본 결과 매번 뜨거운 고열의 증기로 인해 얼굴과 손에 화상의 위험이 뒤따랐다.

이기 때문에 좀 더 신중하게 접근할 필요가 있으므로 향후 좀 더 다양한 실험고고학적 연구를 통해 결론이 내려지기를 바라며 이번 실험에서는 일단 그 가능성만 제기해보고자 한다.

이와 관련하여 보편적인 취사방식으로 이미 한 번 익혀진 음식물을 다시 따뜻하게 데우는 조리방식을 생각해볼 수 있다. 앞서 살펴보듯이, 단단한 고형물을 단숨에 익혀내는 것은 한 번의 찜만으로는 어려운 일이므로, 시루에 밥짓기는 취사시간과 연료조건 등을 고려할 때, 한 번 익혔던 것을 재차 익히는 수준에서 이루어졌을 가능성이 높다. 장작불의 고열에도 덜 익었던 곡물들이 숯으로 만든 열기로 인해 너 잘 익있을 가능성은 희박하기 때문이다. 이 같은 (데우는)방식은 전고에서도 소개하였듯이, 동남아시아 민족지 사례(小林正史 2008)에서 빈번하게 확인되는 취사 방식이다. 쌀을 쪄서 말려 놓으면 장기간 보존식품으로 손색이 없고, 부뚜막에서의 조리행위도 간단하기 때문에 태국에서 쌀을 쪄먹는 행위는 매우 일상적인 식문화에 해당한다. 쌀을 쪄 놓고 먹을 만큼 다시 쪄먹게 되면, 덥고 습한 날씨에 부패를 방지할 수 있기 때문이다. 이렇듯, 시루를 이용한 취사는 밥과 같은 주식을 조리하는데 적합한 형태로 개발·유지되었을 것으로 생각된다.

이상과 같이, 시루에 밥짓기가 상시적으로 원활하게 이루어졌을 것이냐는 물음에 답하기 위해 밥의 상태와 연료효율, 조리시간과 같은 효율성 부분을 주목하였다. 실험 결과, 시루로 지어낸 밥의 상태는 기대만큼 좋지 않았고, 충분한 온도와 조리시간을 주었음에도 불구하고 원만한 조리가 이루어지지 않은 까닭이 무엇인지 의문이 생겼다. 또한 토기의 사용흔 등 실험자료에서 고고자료에 부합하지 않는 특징들이 새롭게 발견되면서 본 실험 과정의 조건들을 재검토하였다. 이를 통해 취사의 연료조건과 시루에 밥짓는 방법 등을 새롭게 밝혀낼 수 있었다. 실험토기에 남겨진 사용흔과 호남지역 부뚜막 구조, 고고자료 양상을 근거로 고대 취사에서는 연료로 장작나무가 아닌 숯이 이용되었을 가능성이 높은 것으로 보여지고, 시루에 밥짓기는 딱딱한 고형물 형태의 곡물이 아닌 한 번 익힌 상태의 곡물을 다시 데우는 수준에서 이루어졌음을 알 수 있었다. (허진아·장홍선)

IV

취사실험으로 본
삼국시대의 취사와 음식문화

삼국시대의 음식문화 가운데 백제의 취사형태를 밝히고 이해하기 위해 실험고고학적 접근을 시도하였다. 기종은 취사용기로 알려진 장란형토기, 심발형토기, 시루의 3가지를 대상으로 삼아 각각의 용도에 대해 살펴보았다. 이를 통해 삼국시대의 취사형태에 대한 기초자료를 일부나마 밝혀낼 수 있을 것으로 생각하였다. 다만 이번 실험이 향후의 실험고고학적 연구를 위한 기초검토이기 때문에 많은 부분 미비하겠지만 향후 발전적 검토를 위한 첫걸음이 되고자 한다.

1. 취사용기의 검토

1) 장란형토기

장란형토기는 기존의 보고나 연구를 통해 주로 취사용기일 것으로 알려져 있었다. 하지만 명확한 실용도 즉, 이를 이용한 취사방식과 그 형태에 대해서는 아직 알려져 있지 않았다. 따라서 장란형토기를 이용한 다양한 취사실험을 실시하여 1차적으로 그 기능을 살펴보고 2차적으로 토기 내외면에 대한 분석을 통해 출토자료와 비교·검토하였다.

실험의 분석 결과 장란형토기는 직접 밥을 짓는 용기가 아니라 주로 물을 끓이는데 사용되었음을 알 수 있었다. 하지만 아직까지도 장란형토기가 오늘날의 솥이나 냄비처럼 직접 밥을 짓고 음식도 조리하는데 쓰이는 용기로 알려져 있어 이에 대한 수정이 요망된다. 게다가 장란형토기가 주로 물을 끓이는데 쓰였던 용기라는 사실에 대해서도 아직 상당수의 연구자들은 수긍하지 않는 것도 사실이다. 물론 이러한 생각도 어느 정도 존중되어야 할 것이다. 왜냐하면 장란형토기라고 해서 반드시 그 위에 시루를 얹고서 물만 끓이는 것이 아니라 그 밖에 다른 여러 용도로 사용될 가능성이 아예 없지는 않기 때문이다. 다만 이처럼 예외적인 형태가 일부 있다 하더라도 이를 근거로 장란형토기의 본질적인 기능을 호도할 수는 없다고 생각한다. 따라서 이번 실험을 통해 밝혀진 장란형토기의 기능에 대해 정의를 내린다면 다음과 같다.

"장란형토기는 부뚜막의 솥걸이에 걸어 고정시킨 뒤 안에는 물을 채우고 위에는 시루를 얹어 물을 끓여서 생긴 증기로 시루 안의 음식을 익히는 용기"라고 할 수 있다.

장란형토기의 형태가 긴 동체에 둥근 바닥인 것은 무엇보다 뛰어난 열효율 때문이다. 따라서 장란형토기는 부뚜막에 거치하여 최대한의 효율을 발휘할 수 있도록 점차 개량된 것으로 판단된다.

외형을 살펴보면 둥글고 긴 몸통은 아궁이에서 들어오는 불을 최대한 많이 받아 들일 수 있는 형태로 최적화되어 있다. 즉, 아궁이 전면에서 들어오는 불길을 가급적 다 받을 수 있도록 길게 한 것이다. 그리고 상부에는 아궁이에 거치할 전(어깨)이 부착되지 않으므로 하중을 지탱해 줄 솥받침까지 닿도록 동체가 길어야 하는 것이다.

한편 장란형토기의 지역적 특징도 그 지역의 부뚜막과 관련이 깊은 것을 알 수 있다. 충청전라지역의 세장한 장란형토기는 이 지역 부뚜막의 아궁이가 좁기 때문에 여기에 맞추어 세장한 것으로 판단된다. 그리고 서울경기지역의 부뚜막은 아궁이가 넓기 때문에 장란형토기 역시 동체가 풍만한 것을 알 수 있다.

이와 달리 일찍부터 중국의 음식문화 영향을 받은 고구려에서는 취사용기로 장란형토기 대신 철솥이나 솥모양 토기를 사용하였기 때문에 백제나 신라와는 또 다른 양상을 보이게 된다. 이에 대해서는 추후의 연구를 통해 삼국의 취사형태를 밝혀보고자 한다.

2) 심발형토기

장란형토기와 시루를 이용한 취사방식이 삼국시대의 일반적인 밥짓기 형태였음을 이번 실험을 통해 알게 되었지만 심발형토기에 대해서는 아직 그 용도가 명확히 밝혀지지 않았다. 따라서 심발형토기를 이용한 실험과 고고학적 자료의 비교·검토를 통해 그 용도를 살펴보았다.

심발형토기는 시루와 결합하거나 부뚜막에 거치하여 사용하였다고 보기에는 크기가 작아 그 가능성이 낮은 편이다. 게다가 장란형토기와 시루가 하나로 결합되어 취사에 이용되었음이 밝혀진 이상 심발형토기를 이용하여 밥을 지었다고 보기도 어려운 것이 사실이다.

물론 시루와 장란형토기 외에 심발형토기에도 밥을 지었을 가능성이 없지는 않으나 일상적인 취사용기로 보기에는 그 가능성이 높지 않다. 그 이유는 심발형토기에 밥을 짓는 취사방식이 존재한다면 굳이 어렵게 장란형토기와 시루를 이용하는 취사방식이 공존할 필요가 없기 때문이다. 물론 심발형토기 내부에 탄화된 곡물자료나 탄착흔에 대한 연구가 이루어져야 좀 더 명확한 용도가 밝혀질 수 있을 것으로 생각된다.

그렇다면 장란형토기와 시루는 밥을 짓는 기능이고 그 외의 조리는 과연 어떤 용기를 이용하였는지에 대한 검토가 필요하다. 일단 삼국시대에 일반적으로 출토되는 다양한 토기 가운데 상기한 3기종 외에 일상 취사용기로 판단할 만한 형태는 찾아보기 어려운 편이다. 따라서 심발형토기를 대상으로 모든 사용가능한 형태의 가능성들을 살펴보았다.

- 밥짓기 외의 용도가 있다.
- 대체로 장란형토기와 함께 공반되며 출토빈도도 비슷하다.
- 적은 용량의 취사 조리가 가능하다.

이상의 특징을 주목한다면 심발형토기는 다음과 같은 용도를 생각해 볼 수 있을 것이다.

가. 湯類(국·찌개 등)를 끓이는 용기
나. 죽을 끓이는 용기
다. 밥이나 음식을 데우는 용기
라. 반찬을 만드는 용기
마. 배식용기(밥그릇)

이상의 용도 가운데 실제 이용될 수 있는 가능성에 대해 살펴보면 다음과 같다.

가. 탕류(국·찌개 등)를 끓이는 용기

심발형토기에 주로 국이나 찌개 등의 액상음식물을 끓이는데 사용했다고 생각하는 안이다. 대체로 실험에서 볼 수 있듯이 심발형토기 외면에 흘러내린 자국 등이 형성된 것으로 볼 때 그 가능성은 매우 높은 편이다.

다만 조개탕의 실험에서 보듯이 조개의 가식성은 매우 낮은 편이기 때문에 굳이 조개탕이라는 현재적 개념의 음식물을 만들어 먹었을지에 대해서는 의문이 든다. 오히려 바닷가에서 조개의 내용물만 분리해오거나 아니면 장란형토기처럼 큰 용기에 삶은 뒤 내용물만 꺼내 먹었을 가능성이 높기 때문이다. 그 이유는 좁고 낮은 심발형토기보다는 장란형토기가 용량도 많고 깊이도 깊어 다량의 조개를 한번에 익힐 수 있기 때문이다. 오히려 장란형토기를 이용하여 물을 끓이는 형태 중에 이러한 용도의 가능성도 충분히 생각해 볼 수가 있다.

나. 죽을 끓이는 용기

심발형토기가 밥을 짓는데 쓰이지는 않았다 하더라도 시루나 장란형토기로 죽을 만들기는 어려우므로 상당히 설득력이 높은 형태이다. 게다가 실험을 통해 나타난 외면의 흘러내린 흔적 역시 그 형태가 대체로 일치하는 것으로 볼 때 가능성이 비교적 높은 것을 알 수 있다.

다만 밥을 먹는 문화에서 과연 죽의 이용빈도가 얼마나 높았는지는 분명치 않다. 또한 죽과 유사한 누른밥의 경우 시루에서 철솥으로 취사기능이 넘어간 뒤에 나타나므로 삼국시대의 일상적인 음식형태로 보기는 어렵다. 그러나 죽이나 스프 같은 액싱음식은 전세게적으로 보편적인 음식형태이기 때문에 그 가능성은 높은 편이다. 따라서 심발형토기에 죽을 끓이는 방식은 잔존 음식물을 이용하는 방식이나 처음부터 죽을 계획하고 만드는 방식도 상정해 볼 수 있을 것이다.

다. 밥이나 음식을 데우는 용기

시루에 지은 밥이 차가워지면 이를 다시 데우거나 이미 조리된 음식물들을 데우는데 쓰였다고 보는 가능성이다. 하지만, 다른 한편으로 생각해 보면 밥을 다시 데워먹는 경우에도 시루를 이용하는 것이 오히려 당연할 수 있다.[24] 또한 반찬이나 탕류 역시 처음 조리한 용기에다 데우면 되기 때문에 굳이 별도의 데우는 용도의 기종은 가능성이 그다지 높지 않다고 본다. 다만 대형의 조리용기에서 소형용기에 필요한 만큼 음식물을 덜어내서 데워먹는 방식이 상정될 수 있는데 이 역시 주요기능 보다는 부수적인 형태로 판단된다.

---

[24] 예컨대 오늘날에도 밥은 밥솥이나 밥통에서 데우지 냄비에는 잘 데우지는 않는 것과 마찬가지이다. 이처럼 시루에 찐 형태의 밥을 먹는 사람들은 처음 밥을 했을 때의 원형에 가까운 형태를 먹으려 하기 때문에 시루에 다시 찌면 되는 것이다. 심발형토기에 밥을 데운다면 오히려 불조절로 인해 태울 가능성이 높기 때문에 오히려 밥 보다는 액상음식물을 데우는데 이용하는 편이 더 나을 것이다.

라. 반찬을 만드는 용기

반찬으로 만들 식재료를 넣어서 끓이고, 데치고, 익히고, 굽고, 삶는 등의 다양한 방식으로 조리하였을 가능성이다.

야채를 데치는 경우라면 취사 후 시루만 분리하면 장란형토기에서 끓은 물을 이용할 수 있기 때문에 편리하게 이용할 수가 있다. 그러나 조리는 대체로 취사와 거의 동시에 이루어지는 것이기 때문에 심발형토기에서 이루어졌을 가능성도 여지가 있다. 다만 이번 실험에서 토기의 외면에 넘친 흔적이 미약하므로 지속적인 반복을 통해 나타날 가능성도 생각해 보아야할 것이다.

한편 이번 실험에서는 당시의 부식에 해당하는 음식물까지 고려하여 실험을 준비한 것이 아니었기 때문에 굽고 삶는 등의 취사방식은 적용하지 않았다. 따라서 이 부분은 향후 실험을 통해 밝혀져야 할 것이다. 특히 익히고 굽는 경우 토기 내부에는 탄착흔이나 물이 끓어 줄어든 계수선이 나타나지만 외면에 흘러넘친 흔적은 취사방식이나 불조절에서 오는 차이가 크기 때문에 더욱 신중한 접근이 필요하다. 물론 내면의 탄착흔이나 계수선, 반복적인 물 끓이기에서 나타나는 토기 내면의 변색 등은 반찬을 조리하면서 발생하였을 가능성이 높기는 하다. 그러나 이러한 흔적들이 모두 반찬의 조리에 의한 것으로 볼 수 있는 근거 역시 미약하다.

마. 배식용기(밥그릇)

심발형토기가 오늘날의 개인 밥그릇이나 국그릇 또는 공동 밥그릇이나 찌개그릇처럼 개인이나 세대구성원 모두가 함께 식사하는데 쓰이는 용도였을 것으로 보는 것이다.

이러한 생각의 기저에는 대체로 삼국시대의 토기 기종들의 경우, 점차 기종분화와 크기의 소형화가 이루어지기는 하지만 명확하게 배식용기까지 구분되어 출토되는 경우가 드물기 때문이다. 하지만 기종 분화나 출토 빈도수 때문에 심발형토기를 배식용기로 판단하기에는 명확한 근거가 부족한 것을 알 수 있다. 특히 배식기로서 존재하려면 최소한 주거지 내에서 출토빈도수가 장란형토기나 시루에 비해 몇 배 이상 높아야 하지만 대체로 그런 사례는 많지가 않다. 특히 배식용기라면 내외면의 취사흔이 나타나는 점에 대한 설명이 필요하다. 다만 밥을 데우거나 찌개나 반찬을 조리한 상태 그대로 분배하지 않은 채 놓고 먹는다면 배식기의 범주에 넣을 수도 있겠으나 엄밀한 의미에서 보자면 가·다·라의 기능이 주요하다고 보는 것이 옳을 것이다.

이상과 같은 검토에서 보듯이 심발형토기는 주로 찌개같은 액상음식물이나 반찬류의 조리 그리고 죽형태의 음식물을 제작하는데 이용되었을 가능성이 높다는 사실을 알 수 있다. 따라서 심발형토기는 주식과 부식의 양자 모두를 넘나드는 다양한 취사 조리용구인 것을 알 수 있다. 이처럼 심발형토기는 대체로 주거지 내에서 한가지 용도만이 아니라 다양한 용도로서 여러 개를 사용하였을 가능성이 높다.

그리고 외면의 음식물이 흘러넘친 형태는 찌개나 죽, 조리재료가 넘치면서 발생한 것이기 때문에 그 기능이 오늘날의 냄비와 같은 용도로 볼 수 있다. 다만 심발형토기가 명확히 어떠한 음식물을 만드는데 이용된 것인지를 밝히기 위해서는 향후 잔존지방산분석 등의 자연과학적 분석결과들이 축적되어야 할 것이다.

3) 시루

시루는 주로 삼국시대의 유적에서 다른 어느 시기보다 많이 출토되는 것을 알 수 있다. 이를 통해 당시에 시루의 활용이 매우 높았던 것을 어느 정도 유추해 볼 수 있다. 따라서 시루에 대한 실험목표는 시루를 이용하여 일상적으로 밥을 지어먹었는지의 가능성을 밝히는데 두었다. 물론 이에 앞서 장란형토기를 이용하여 현재의 솥처럼 밥도 짓고 다양한 음식을 만들었는지에 대해 먼저 살펴보기로 하였다. 그 이유는 장란형토기가 만약 밥을 짓는 용도라면 시루는 밥보다는 현재처럼 떡이나 여타의 음식물들을 찌는데 이용되었을 것으로 유추가 가능하기 때문이다. 그러나 실험결과 장란형토기에는 밥을 짓지 않았다는 사실이 밝혀져 이번에는 시루를 이용하여 밥을 지었을 가능성에 중점을 두고 실험을 실시하였다.

따라서 장란형토기 위에 시루를 거치하여 밥을 짓는 실험을 실시해보았다. 실험결과, 시루에 지은 밥은 매우 건조한 상태의 고두밥 형태로 완성되었다. 따라서 현재 우리가 먹고 있는 밥처럼 수분이 더 많이 함유된 상태에 이를 때까지 밥을 짓는 시간을 점차 늘려보았다. 하지만 취사시간이 길어진다고 해서 고두밥 형태에서 진밥으로 바뀌어지는 근원적인 해결책이 될 수 없음을 알게 되었다. 그래서 밥을 짓기 전에 곡물을 장시간 동안 물에 불리거나 밥을 짓는 중간에 물을 뿌려주는 등의 방법을 실시하게 되었다. 하지만 이러한 방법 역시 고두밥 상태에 비해 수분함량은 약간 늘일 수 있지만 결코 솥에다 짓는 밥 만큼 높은 수분함량을 유지하지는 못한다는 사실을 알게되었다.

실험방식에 문제가 있었을 가능성을 검토하기 위하여 실험용 부뚜막에 최근에 사용되는 양은솥과 질시루를 걸어 동일한 방식으로 검증실험을 실시하였다. 그러나 실험에서도 결과는 동일하게 나타나는 것을 알 수 있었다. 따라서 최근까지도 시루에 밥을 짓는 '지에밥'에 관해 다양한 민속자료를 검토한 결과, 시루에 밥을 짓는 형태는 반드시 이러한 고두밥이 된다는 사실도 알게 되었다(이성우 1992). 또한 현재까지도 막걸리나 청주의 밑술을 만들기 위해 시루에 짓는 밥 역시도 건조한 상태의 지에밥이라는 것도 확인하였다. 게다가 최근 일본의 실험고고학적 연구사례에서도 역시 시루에 밥을 짓는 실험 결과, 솥에 비해 수분함량이 적은 고두밥 형태가 되었다는 결론이 제시되어 우리와 동일한 결과가 나온 것을 확인할 수 있었다(かみつけの里博物館 2004).

삼국시대에는 밥을 짓는데 쌀만 이용한 것이 아니라 다양한 곡물들도 함께 이용하였을 것으로 판단된다. 따라서 다양한 곡물을 함께 혼합하여 잡곡밥 형태로 취사를 하기 위해서는 몇 시간 이상 물에 불리는 과정이 반드시 필요하였을 것으로 생각된다. 그리고 이러한 과정이 생략된다면 매우

건조한 상태의 고두밥이 될 뿐 아니라 콩이나 수수 등의 곡물은 수분함량
이 더 적어져서 제대로 익지 않을 수도 있게 된다. 따라서 삼국시대의 밥은
현재의 밥보다는 수분함량이 극히 적은 고두밥 형태였음을 알게 되었다.

2. 취사시설의 검토

1) 부뚜막

부뚜막을 이용한 삼국시대의 취사에서 연료와 연소의 효율을 검토한
결과 실험당일의 일기에 의해 상당한 영향을 받는다는 사실을 알 수 있었
다. 특히 실험 전날이나 당일에 비가 내리거나 오전에 실험하는 경우 소요
시간과 연료소모량이 높은 반면, 맑은 날과 하루에 2차례 이상 실험을 할
때는 정반대의 현상이 벌어지는 것을 알 수 있었다. 그리고 이러한 계측
가능한 정량적 검토 외에도 실험자의 숙련도에 따라서도 취사시간과 연료
소모가 줄어든다는 정성적 검토도 가능하였다.
부뚜막을 이용한 취사에서 부수적으로 난방효율에 대해서도 살펴보았
다. 서울경기지역을 대표하는 판석조의 부뚜막과 충청전라지역을 대표하
는 점토조의 쪽구들에 대한 지속적인 온도변화를 살펴본 결과 대체로 충
청전라지역의 쪽구들이 더 난방효과가 우수한 것을 알 수 있었다. 그러나
이것은 취사실험과정에서 나타나는 부차적인 검토에 불과할 뿐 직접적인
난방기능에 대한 연구검토가 아니므로 더 이상의 자세한 비교는 할 수 없
었다. 그 이유는 난방효과에 대한 연구를 위해서는 천정이 개방되지 않은
수혈주거 내에서 동일한 재료로 축조한 다양한 형태의 부뚜막과 쪽구들을
비교 검토해야 할 필요가 있으며 최소 10시간 이상의 온도변화를 측정해
서 제시해야하기 때문이다. 따라서 이번 실험은 향후 이러한 난방에 대한
실험측정연구를 위한 기초자료 정도의 의미를 부여할 수 있을 것이다.

한편 부뚜막의 구조적인 효율에 대한 단순 비교는 어렵지만 각각의 장단점을 명확히 드러나는 것도 알 수 있었다. 서울경기지역의 경우 부뚜막의 단시간 내에 고화도에 이르기는 하지만 열효율이라는 측면에서 보면 비교적 효율이 낮은 구조인 것을 알 수 있다.

서울경기지역의 부뚜막은 아궁이의 폭이 넓어 산소공급이 잘되고 연료도 동시에 다량 투입되므로 짧은 시간에 소모되는데다 소모량도 많았다. 또한 아궁이 내부에 취사용기가 거치되어도 주위로 빈 공간이 넓어 불길이 직접 전달되지 않은 채 빠져나가는 양이 많아 연소효율이 높지 않았다. 한편 1차 실험(2008년도)에서 제작한 부뚜막에서는 처음에 배연이 제대로 이루어지지 않았다. 따라서 다시 부뚜막의 아궁이에서 연통 사이에 경사를 주어 높아지게 하는 등, 일부 구조수정을 통해 배연문제를 해결할 수 있었다. 이를 통해 고래와 연통의 폭이 너무 넓으면 오히려 배연이 어려운 반면 좁을수록 배연이 더 잘 된다는 사실도 재차 확인하였다.

쪽구들 구조를 가지는 충청전라지역의 부뚜막은 아궁이가 좁고 고래와 연통이 서울경기지역에 비해 비교적 좁고 'ㄱ'자로 꺽이는 형태이다. 실험을 통해 충청전라지역의 부뚜막은 아궁이가 좁아 산소공급이 적은데다 한꺼번에 많은 연료를 넣을 수도 없었다. 특히 아궁이 내부의 폭이 좁기 때문에 내부에 취사용기를 거치하게 되면 빈공간이 거의 발생하지 않게 된다. 따라서 아궁이 내의 불길이 대부분 취사용기에 전달되므로 열효율이 비교적 높아 소량의 연료만으로도 충분히 취사가 가능하게 되었다. 또한 고래와 연통이 좁아 아궁이의 불길이 취사용기를 지나 매우 활발하게 외부로 배출되는 것을 관찰할 수 있었다.

그러나 이러한 지역적인 구조의 차이는 각 지역적 특성과 상황에 맞게 발전·형성된 것이기 때문에 쉽게 판단하기에는 어려운 문제가 많다. 이번 부뚜막과 쪽구들 구조를 통한 지역적 검토는 현대의 실험자에 의한 것이기 때문에 당시와는 차이가 발생할 수 있다. 오히려 당시에는 연료투입이나 구조적 기술수준과 이해도가 높기 때문에 이번 실험결과와 일치한다고 결론지을 수는 없을 것이다. 따라서 이 결과는 하나의 비교자료로서 참조할 필요는 있지만 좀 더 명확한 사실은 향후의 구조적인 실험과 연구를 통해 밝혀져야 할 것이다.

이번 실험을 통해 충청전라지역의 부뚜막에서 연료로 숯을 이용하였을 가능성도 제기되었다. 이는 순전히 실험결과와 고고학적 발굴조사 자료에서 나타나는 양상만을 비교·검토한 것이기 때문에 명확히 결론을 내리기는 어렵지만 그 가능성은 매우 높은 편이다. 특히 이 지역의 부뚜막이 폭이 좁고 장작과 같은 연료를 사용하였을 때 나타나는 탄착흔이 미약한 점은 따로 설명할 만한 근거가 마땅치 않기 때문이다. 그러나 이번실험을 마친 뒤의 분석과정에서 이러한 의견이 제시되었기 때문에 실험과정에서는 숯을 이용한 취사실험을 실시하지 못하였다. 아직 비교실험을 통한 검증이 이루어지지 못했기 때문에 향후 실험이 필요한 대목이다. 따라서 이번 실험에서 확인되지 않은 내용으로 더 이상의 결론 제시는 막연한 개연성만을 가지고 유추한 결과의 확대 재생산에 불과하므로 향후의 실험과 분석연구를 통해 검토해보고자 한다. 그리고 숯의 이용에만 천착하기 보다는 이 외의 또 다른 사용 가능성에 대해서도 충분히 생각해보고 실험계획을 준비해야 할 것이다.

마지막으로 부뚜막을 이용한 실험을 통해 실험자들은 부뚜막이 취사연구에 있어서 매우 중요한 위치에 있음을 알 수 있었다. 왜냐하면 삼국시대의 식문화에서 부뚜막이 없었다면 이러한 취사방식은 결코 존재할 수 없었기 때문이다. 만약 부뚜막이 아닌 노지였다면 이러한 취사방식과 음식문화가 꽃피울 수 없었을 것이다. 따라서 삼국시대의 음식문화는 취사용기와 취사시설의 양자가 서로 필요에 따라 지역적·시대적 변화를 이루어왔고 그 속에서 음식문화가 발달되어왔다는 사실을 알 수가 있다.

2) 노지

노지를 이용한 실험은 주로 심발형토기의 사용에 관한 검토를 위해 이루어졌기 때문에 별다른 결과를 관찰하지 못했다. 따라서 이번 실험에서 주요 검토사항이 부뚜막을 위한 취사실험이었던 만큼 노지의 열효율이나 제작에 관한 검토를 특별하게 염두에 두지 않아 이에 대한 데이터자료는 확보하지 못하였다. 다만 이번 실험을 통해 향후 노지를 이용한 취사방법에 대해서도 살펴볼 필요성이 제기되었으며 노지에서의 불의 이용도 결코 쉽지 않았던 점을 생각해 본다면, 향후 민족지자료 등도 함께 검토해 볼 필요가 있다고 본다.

3. 실험을 마치며

이상으로 살펴본 바와 같이 삼국시대의 취사실험을 통해 몇가지 새로운 사실을 밝혀낼 수 있었다. 특히 부뚜막과 장란형토기, 심발형토기, 시루 등의 기종 검토를 통해 삼국시대의 취사형태가 부뚜막에 장란형토기를 걸고 그 위에 시루를 올려 지에밥을 지어 먹었다는 사실을 밝혀낸 것은 중요한 고고학적 성과라 할 수 있을 것이다.

한편 지난 2년 동안의 실험을 통해 많은 것들을 배우게 되었다. 특히 실험고고학적 연구는 완벽하게 하고자 한다면 끝이 없기 때문에 목적에 따라 최대한 가깝게 다가서려는 노력 여하에 따라 얻을 수 있는 결과물 역시 차이가 크다는 사실을 알 수 있었다. 늘 최선을 다하고자 했지만 지나고 보면 실수와 검토되지 못한 부족한 점 투성이인 것만 보이는 것이 부끄러울 따름이다. 이번 실험을 통해 밝혀진 결과들은 아직도 우리가 풀어야 할 과제에 비하면 빙산의 일각에 불과할지도 모른다. 그러한 이유 때문에라도 향후 이러한 시행착오를 거듭해나가며 음식문화에 대한 무지를 연구의 계기로 삼고자 한다. (오승환)

V

맺음말

지난 2년여에 걸쳐 진행된 식문화탐구회의 실험고고학적 연구는 몇가지 예상치 못한 새로운 결과를 얻을 수 있었다. 이는 기존자료의 검토나 재확인이 아닌 실제적인 접근을 통한 장기간의 노력에 대한 결실이라 할 수 있다. 이로 인해 그동안 상당부분 추론의 영역으로만 이해되어온 삼국시대의 취사형태에 대해 조금이나마 이해의 틀을 갖출 수 있게 되었다.

물론 이 실험을 통해 많은 부분 예상치 못한 결과가 나오거나 아직 실체가 규명되지 못한 것이 더 많다. 하지만 장란형토기와 시루·심발형토기를 이용한 취사형태의 기초자료를 확보할 수 있게 되었다는 점 만큼은 중요한 의의가 있다고 생각한다.

이번 연구는 기존자료에 대한 예상과 다른 결론이 도출되거나 오히려 실체규명이 더 불분명해지는 경우도 일부 나타나게 되었다.

일부 1차년도(2008년)의 실험에서는 장란형토기를 이용한 밥짓기를 이용한 실험결과와 고고자료와의 비교결과, 내·외부의 탄착흔 등 여러 부분에서 차이가 있다는 것을 밝혀냈다. 따라서 장란형토기로는 일상적으로 밥을 짓지 않았다는 사실이 밝혀지게 되었다. 즉, 현재의 솥처럼 다용도로 쓰이는 것이 아니라 주로 물을 끓이는데 그 용도가 한정되었다는 것이 밝혀진 것이다. 장란형토기에 밥을 짓지 않았다는 사실이 밝혀졌기 때문에 다음에는 심발형토기와 시루를 대상으로 취사실험을 준비하였다.

그러나 심발형토기는 부뚜막에 걸고 밥을 하거나 그 위에 시루를 안치하여 물을 끓이기에 크기와 구경이 작고 형태상 부적합하므로 시루를 대상으로 밥짓기 실험을 실시하였다.

삼국시대 백제의 취사형태가 장란형토기에 시루를 안치하여 밥을 찌는 형태였는지를 밝히는 것이 2차년도(2009년)실험의 주요 과제가 되었던 것이다. 실험을 통해 삼국시대 백제(서울경기와 충청전라지역)의 취사방식은 시루를 이용한 찐밥 형태였다는 것을 알 수 있었다.

시루와 장란형토기의 용도가 밝혀진 만큼 또 다른 취사용기인 심발형토기의 용도에 대해서도 실험을 실시하였다. 심발형토기를 이용한 취사실험 역시 나름대로 의미있는 결과를 얻을 수 있었다. 특히 고고자료에 나타나는 다양한 특징과 비교한 결과 심발형토기가 주로 액상의 음식물을 조리하는데 이용되었을 가능성이 높은 것을 알 수 있었다. 그리고 일상적으로 부뚜막의 솥걸이에 직접 거치하는 대신 아궁이나 노지에서 잉걸불을 이용하거나 솥받침 위에 올려놓고서 사용하였을 가능성이 높다는 사실도 알 수 있었다.

이외에 취사실험을 통해 그간 우리가 생각하지 못한 여러 가지 중요한 사실들도 밝혀졌다.

장란형토기를 대상으로 물 끓이기와 밥짓기를 실시한 1차년도(2008년)의 실험결과, 취사에 사용되는 연료량은 서울경기권이 충청전라권보다 더 소모되지만 끓는 점은 서울경기권이 충청전라권보다 월등히 빠른 것으로 나타났다. 그 이유는 서울경기권의 부뚜막은 아궁이가 커서 연료소모량이 많지만 불길이 토기의 앞면과 옆면에 넓게 닿아 열전도율이 높았기 때문이다. 이에 반해 충청전라권은 아궁이가 작고 좁아 산소의 공급이 적고 연료의 소모도 그만큼 늦어져 고화도에 오르는 시간이 늦었다. 그리고 불길이 장란형토기의 앞면에만 닿게 되므로 열이 고르게 전달되지 않았다.

시루를 대상으로 밥을 짓는 2차년도(2009년)의 실험에서는 초기에 밥이 설익거나 수분이 부족하고 찰기가 거의 느껴지지 않았다. 따라서 밥을 짓는 도중 시루 내부에 몇 차례 약간의 물을 뿌려주었다. 그 결과 완성된 밥에서는 찰기와 수분이 어느 정도 유지되는 것을 알 수 있었다. 그리고 시루 바닥면의 증기가 통하는 구멍 주위로 곡물이 일부 탄화될 정도로 강한 열 전도현상을 확인되었다. 하지만 이러한 원인에 대해서는 아직까지 명확한 원인을 찾지 못해 향후의 검토가 필요하다.

시루와 장란형토기의 결합면을 메우는 시룻번의 가능성과 그 재료를 밝히기 위해 최근에도 쓰이는 방식인 쌀(또는 밀)가루를 붙이는 방식과 점토를 붙이는 방식을 번갈아 실시하였다. 그 결과 밀가루를 부착한 시루는 취사후 시룻번이 잘 떼어지지 않는대다 깨끗하게 세척되지 않았다. 또한 잔존 부분이 마르면서 토기외면까지 함께 떨어져나가는 박리현상까지 나타났다. 그러나 점토를 붙인 부분에서는 이러한 현상이 나타나지 않고 취사 후에도 잘 떨어졌다. 따라서 시루를 이용한 밥짓기에는 지금처럼 시룻번으로 곡물가루를 쓰는 대신 점토를 이용하였던 것을 알 수 있다. 이와 함께 동남아시아의 민족지자료에서 많이 볼 수 있는 젖은 천으로 결합면을 감는 방법도 편리하고 가능성 높은 방법으로 생각된다.

부뚜막의 난방기능에 대해 살펴본 외면 온도의 검토 결과 서울경기권이 충청전라권보다 최고 온도는 두배 이상 높게 오르지만, 충청전라권은 식는 속도가 무척 더디게 진행되었다. 그 이유는 충청전라권이 점토를 이용하여 축조한 쪽구들 형태인 반면, 서울경기권은 부뚜막형태에 판석을 이용하였기 때문이다. 따라서 충청전라권의 부뚜막이 주거지의 난방에는 효과적이었지만 난방문제는 단순히 지역권보다는 축조재료와 구조형태가 무엇보다 중요한 요소임을 알 수 있다.

고고자료와의 비교에서 특히 주목되는 점으로 앞서 제기한 충청전라권의 장란형토기에 나타나는 외면사용흔과 실험결과가 다르게 나온 점이다. 이 때문에 이 지역에서는 연료로 숯이 이용되었을 가능성이 제기되었다. 무엇보다 장란형토기의 외면에 탄착흔이나 피열부의 흔적이 미약하므로 장작보다 훨씬 그을음이 적게 발생하는 숯의 사용가능성을 부인할 수 없기 때문이다. 게다가 충청전라권의 부뚜막은 서울경기권에 비해 아궁이가 좁고 작아 다량의 연료를 넣기도 어렵기 때문에 이러한 가능성을 충분히 뒷받침 해주고 있다. 하지만 이 점은 부뚜막과 취사방식의 지역성에 대한 전면적인 재고까지 요하는 문제이기 때문에 좀 더 신중한 접근을 필요로 한다. 따라서 향후 좀 더 다양한 실험고고학적 연구를 통해 결론이 내려질 것으로 생각하며 이번 실험에서는 그 가능성만을 제기하고자 한다.

2년여에 걸친 취사실험을 통해 불을 지피는 횟수가 늘어 갈수록 숙련도가 늘어 취사수준이나 연료절감, 화력조절이 점차 숙달되어 가는 것을 확인할 수 있었다. 따라서 밥짓기의 완성도 역시 실험자의 숙련도라는 주관적인 요소를 무시할 수 없다는 사실을 알게 되었다.

이러한 장기간의 실험과 분석은 참여자들에게 삼국시대의 취사형태연구에 대한 많은 시사점을 던져주었다. 더욱이 다양한 가설에도 불구하고 실험 전까지는 전혀 예상치 못했던 의외의 많은 문제들에 직면한 적도 많았다. 그리고 이러한 문제들을 하나 둘 해결하다보면 또 다른 새로운 문제에 직면하게 되었다. 결국 좀 더 폭넓은 이해를 위해서는 앞으로 더 많은 실험과 분석이 필요하다는 것을 뼈저리게 느끼게 된 실험이었다. 특히 고고자료와의 비교검토를 통해 더 많은 증거를 제시하지 못한 점등 이번 실험은 이제 시작에 불과하다는 것을 단적으로 보여주고 있다. 비록 이번 연구에서 명쾌한 결론에 도달하거나 새로운 대안을 제시하지는 못했더라도 이를 바탕으로 한국 고대의 음식문화에 대한 연구가 한걸음 더 나아가는 계기가 되기를 바라는 마음이다. (오승환)

특별기고

炊事와 그 痕迹에 대한 雜感

토야마 마사코 (外山 政子)
역 : 쇼다 신야(庄田 愼矢)

'우리 조상들은 과연 어떠한 음식을 어떠한 조리방법으로 먹었을까?' 라는 의문은 아무나 가질 만하다. 얼마 전에 어떤 사람이 '토기로 정말로 조리를 할 수 있는지' 라고 저에게 물어본 적이 있다. '토기의 흙이 풀려서 내용물에 섞이지 않으냐?' 라는 것이다. 이러한 질문에 대답하기 위해서는 '어떻게 해야 되는가?' 당시처럼 토기를 만들고 실제로 취사를 해 볼 수 밖에 없는 것이다. 반복적인 실험을 통해서야 더욱 실태에 가까운 복원이 가능해질 것이리라 생각된다.

고대 사람들의 생활이나 기술을 복원하기 위해서는 확고한 근거가 필요하다. 취사에 사용된 것으로 상정되는 옹(甕) 종류에 남은 사용흔적을 관찰하기 시작한 계기가 바로 이것이었다. 담당한 발굴조사에서는 부뚜막을 설치한 수혈주거지가 많았으며, 그 중에서도 부뚜막 위에 옹을 고정시켜 놓은 출토 사례도 있었다. 따라서 부뚜막에 설치된 채 출토된 장동옹(長胴甕)에 주목하여 우선 가열시설과 사용흔적 관련성을 찾으려고 하였다. 6세기 후반부터 7세기까지의 주거지에서는 2개 옹이 설치된 경우가 많았으며, 이러한 자료들이 좋은 관찰대상이 되었다. 한편으로 증기(蒸器)라고 부르는 시루도 장동옹들과 공반된 경우가 많아 밥을 지어 먹었는지 쪄서 먹었는지 라는 의문에 대해서도 답이 나오지 않을까라고 생각하였다. 참고로 말하면 군마(群馬)현에서는 5세기 중경에 부뚜막을 만들기 시작한다. 도입기의 부뚜막은 그 중앙에 둥그스름한 모양의 옹을 한 개 설치하는 것과 두 개 설치하는 타입이 있으며, 6세기 이후 9세기 중엽까지는 후자가 주류로 된다.

이렇게 시작한 사용흔적 관찰을 통하여 부뚜막에서 사용하는 옹은,

1. 동체부 외면의 그을음 부착 범위의 끝이 상부에 있다는 점
2. 동체부에서 경부에 걸쳐 부뚜막과 토기를 밀착시키기 위해 사용된 점토의 흔적이 있다는 점
3. 경부 및 구연부까지 그을음이 부착되지 않다는 점
4. 솥받침의 흔적

등이 확인되었다(도 1, 사진 1).

따라서 다음으로 검토해야 될 것이 무엇을 데웠는지를 알기 위한 내면의 사용 흔적이지만, 곤란스럽게도 명확하게 관찰되지 않았다. 탄착흔이 뚜렷하게 나타나지 않은 것이다. 내면 상부에 연한 흑색 띠가 보인 경우가

● 사진 1. 三ッ寺Ⅱ遺蹟 1지구 14호 주거지 부뚜막(提供 : 群馬縣埋藏文化財センター)

자주 있었지만 이 흑색부분은 내용물이 어느 정도 비등했을 때나 조리물이 튀어오르며 부착될 경우, 또한 가열에 의한 증발 등에 의해 부착된 것으로 생각된다. 이러한 흔적은 야채를 삶을 때에 자주 관찰된다. 두 개가 설치된 옹 모두 다 동일한 흔적을 나타낸다. 관찰결과와 시루의 존재를 감안하여 요즘처럼 솥에 밥을 지은 것이 아니라 시루에 밥을 쪘다고 생각하게 되었다. 현재는 토기 조리 사용흔 연구회에 의해 더 자세한 관찰 관점이 추가되었으며, 취사 시의 화력 차이까지 해석의 심도가 깊어졌다. 노지에서 가열한 것으로 생각되는 옹은 구연부까지 그을음이 부착되면서 흘러넘친 흔적이 관찰되며, 또한 내면에 탄착흔이 관찰된 것과 큰 차이가 있다. 그 후, 6세기부터 9세기 중경까지의 장동옹을 기회가 있을 때마다 관

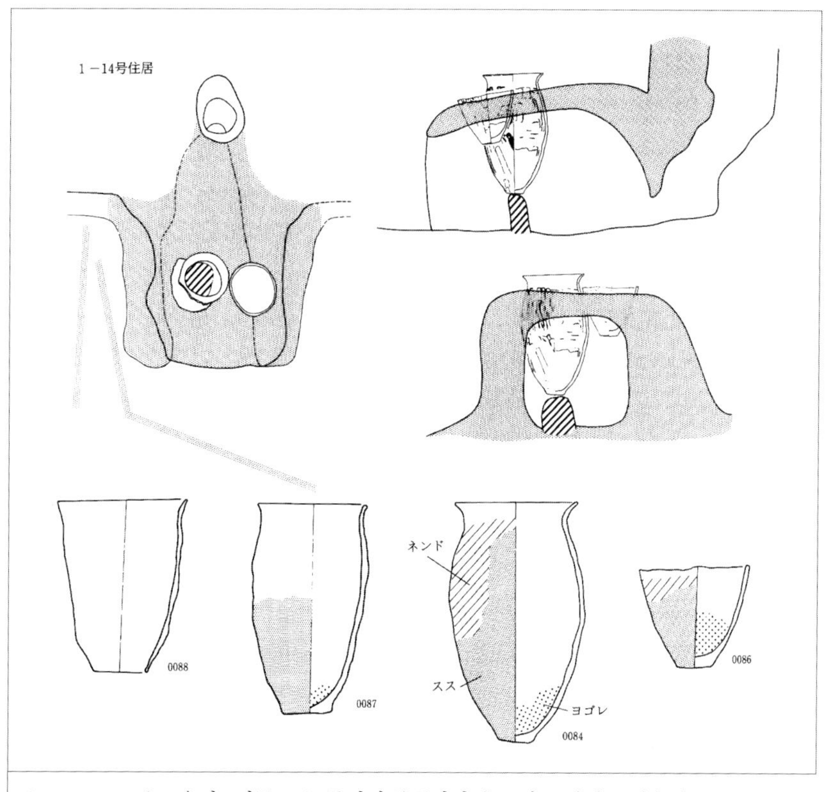

● 도 1. 三ッ寺 II 유적 1지구 14호 주거지 부뚜막과 출토된 토기의 조리흔적

찰해 왔으나 부뚜막에서 사용된 옹에서 명확한 취사흔적은 확인된 바가 없다. 작년에 개최한 군마 워크숍의 만찬회 자리에서 키타노 히로시(北野博司) 씨에게서 '이 토기들을 관찰하기 위해 많은 실험들을 하셨습니까?'라는 질문을 받았는데, 그 때는 아무 생각 없이 '했다'고 대답한 기억이 있다. 나중에 생각을 해보니 그 때는 아직 실험할 수 있는 상황이 아니었다는 것을 상기하였다. 매일 식후에 냄비를 닦으면서 흔적을 관찰하고 있었던 생각이 난다. 재질은 다르지만 취사의 작업과 사용흔적은 공통된 것일지도 모른다.

타카사키(高崎)시 카미쯔케노사토(かみつけの里) 박물관의 우치타 마수미(內田眞澄)씨에 의한 실험에서는 복원한 부뚜막에 옹 2개를 올려 밥을 맛있게 조리하였다. 이 흔적과 유적에서 출토된 옹의 흔적을 꼼꼼히 비교하면서 관찰할 필요가 있다. 무엇보다도 출토된 토기 내면에서 곡립(穀粒)흔적이나 곡립 자체가 발견되는 것을 기대한다.

작년 여름 한국 여행 일환으로 참여한 취사 실험은 필자 때문에 대실패를 하였다. 공주시 장기면 당암리유적 발굴현장에서 정종태 씨가 연도가 있는 복원 부뚜막에서 취사실험을 하였을 때의 일이었다. 착화 후 바로 직선적인 연도에서 연기가 뭉게뭉게 솟아오르고 있는데(서울경기권), 또 하나의 ㄱ자형 부뚜막(충청전라권)에서는 그렇지 않았다. 서울경기권 옹은 물을 끓이고 있었는데, 곧 비등되었다. 그러나 충청전라권 부뚜막은 'ㄱ자형'으로 굴곡되어 있기 때문에 부뚜막에 고유한 보온 기능이 잘 작용된 것 같았다. 하지만 오승환 씨가 담당한 직선적인 부뚜막에서는 필자가 '이제 다 되었다'고 하여 가열을 중단하였기 때문에 실패하였다. 전면에 해당한 부분은 제대로 가열되지 않았고 수분이 너무나 많았다. 뒷면 쪽은 그럭저럭 먹을 수는 있었지만 충격을 받았다. 오승환 씨의 곤혹한 표정이 지금도 생각난다. 여러분 정말로 죄송합니다! 다시 가열을 시작해도 회복되지 않아 많이 실망하였다. 문득 주요 멤버들의 모습이 주변에 보이지 않았다. 아마 실패 원인을 토론하고 있지 않았을까? 그렇게 해서 일본에 귀국한 후에도 우울해지고 있었다. 이 때 즈음에 되어서 겨우 자신의 취사

감각이 복원 부뚜막과는 차이가 있었다는 점을 알게 되었다. 당시는 부뚜막 구조 차이를 전혀 고려하지 않았다. 필자들이 일본에서 시용하고 있는 부뚜막은 모두 길이가 짧아 불을 때면 부뚜막 천정 경사와 후방의 벽 사이에서 열이 빠지지 않고 부뚜막 내 온도를 일정하게 유지시킨다. 한국에서 보이는 연도가 있는 부뚜막은 연기가 시간을 두지 않고 배출된 것으로 보아 열이 직접 연도에 가기 쉬운 점을 상상할 수 있었다. 연소 효율 혹은 조리 효율을 감안하면 상당한 긴 시간 장대한 부뚜막을 따뜻하게 해 놓을 필요가 있었을 것이라고 생각된다. 혹은 오오사카(大阪)부 호타루가이케히가시(螢池東)유적에서 확인된 부뚜막(도 2, 사진 2, 金光正裕 · 合田幸美 1992)과 같이 연도부분과 연소/보온실 사이에 내려가는 벽과 같은 구조물이 있었을 가능성도 있다. 그렇다고 해도 그 실험에서는 가열 시간이 부족하였다. 미안합니다.

우리 집에서는 얼마 전에 조리시설을 가스에서 IH Cooking Heater로 바꾸었으며, 집 안에서 불을 직접 사용하지 않게 하였다. 전자 조리이기 때문에 불꽃이 안 나타난다. 안정성이 중요시된 설계이며, 냄비를 올리지 않고 스위치를 넣으면 경고 사인이 표시된다. 많은 고안과 기술에 상당한 감명을 받았기는 하였지만, 이와 동시에 사용법 차이 때문에 매일 당황했었다.

우선 냄비 재질에 대해서 문제가 발생하였다. 오랫동안 사용해 온 여러 가지 냄비 류(평저 냄비 류가 30점 있었음)를 사용하지 못하게 되었다(이것들을 올리면 위에서 말한 경고 사인이 나온다). 재질은 철과 법랑[1]이 적절하다고 하는데, 난처하게도 토제 냄비는 사용불가이다. 지금까지는 대 · 중 · 소형의 토제 냄비를 인원수와 요리 내용을 따라 선택적으로 사용하고 있었다. 많은 사람들이 모였을 때에는 큰 토제 냄비를 둘러싸고 술을

---

[1] 『琺瑯』 광물을 원료로 하여 만든 유약(釉藥). 사기그릇의 겉에 올려 불에 구우면 밝은 윤기가 나고 쇠그릇에 올려서 구우면 사기그릇의 잿물처럼 된다.

● 사진 2. 螢池東유적주거13 부뚜막 단면(金光正裕·合田幸美 1992)

한잔, 두 사람만 있을 때에는 작은 토제 냄비로 두부를 끓이고 역시 한잔. 겨울 식탁에는 꼭 있어야 될 도구였다. 슈퍼에서 IH로 사용 가능한 토제 냄비를 찾으려고 하였는데, 형태만 비슷하지 손에 닿는 감촉이 전혀 다른 것이었다. 냄비 속에 스테인레스 판을 넣은 것이다. 그럭저럭 구입하여 다시 식탁에 토제 냄비를 올릴 수 있었지만, 아이고 아이고…

다음에 문제가 된 것은 불의 온도 조절이었다. 불꽃을 직접 보면서 조절하는 것이 오랫동안 습관이었기 때문에 패널에 나타난 수치와 조리 내용물이 끓어오는 모습만으로 판단하는 것은 어려운 작업이다. 매일 조리 실험을 하고 있는 것 같았다. 최근에 들어 겨우 익숙해져 불 조절이 잘 되지만, 이것도 아이고 아이고…

가열 시설의 변화와 이와 관련된 도구, 기술 변화가 연계된다는 사실을 다시 생각하게 된 일이었다. 어쩌면 고대 사람들도 이러한 생각을 가졌을까? 참고로 현재 우리 집에서 사용 중인 냄비 류는 철제 1, 프라이팬 1, 법

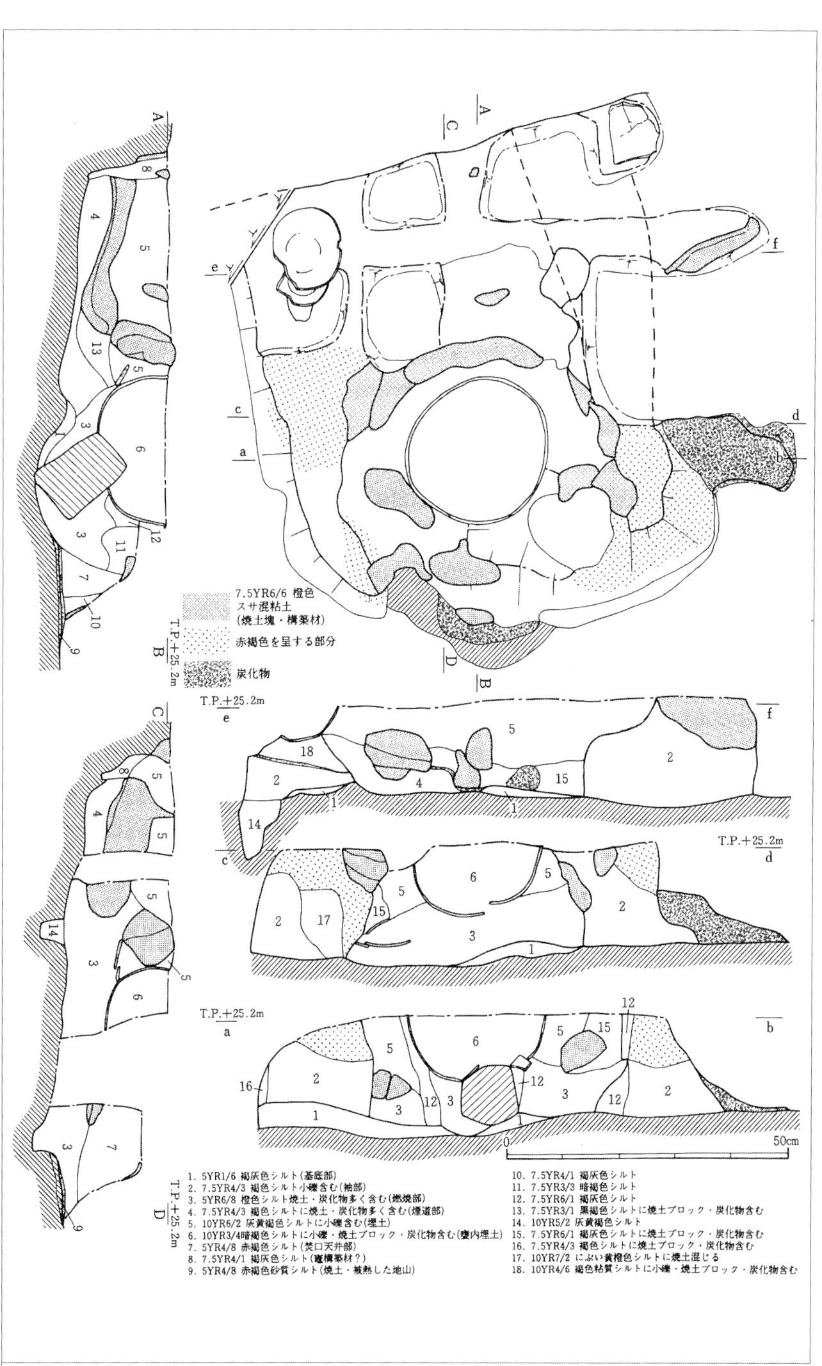

● 도 2. 螢池東유적 13호 주거지 부뚜막 실측도(金光正裕・合田幸美 1992)

랑 중형 2, 소형 1, 밀크팬 1, 토제 냄비 같은 것 1, 스파게티 용 1이며, 모두 평저이고 저경(底徑) 12cm 이상이다. 지금 사용하지 못하는 냄비들은 선반 안에서 다시 활약할 기회를 기다리고 있을지도 모른다. 여하튼 이제부터는 새로운 문화를 수용할 때 사람들이 당한 망설임도 감안하면서 군마현으로 전래된 부뚜막 유래를 찾아서 나의 부뚜막과 사용흔적 연구를 마무리하고자 한다.

조리 실험에 대한 글을 써 달라는 의뢰를 받은 후 결국 정리를 못해서 '잡감'이라는 형태가 되었다. 군마에서는 小林正史 씨와 北野博司 씨의 지도를 따라 토기 조리흔적 연구회에 의한 검토가 진행되고 있다. 내년 봄에는 통일적인 분석 결과를 피력할 수 있을 것이라 믿는다.

2008년에 신세를 진 吳昇桓, 韓志仙, 鄭鍾兒 각 선생님을 비롯한 식문화탐구회 여러분, 한강문화재연구원 申淑靜 원장님과 연구원 여러분, 한신대학교 權五榮 교수님, 中村大介 씨, 長友朋子 씨, 지금까지 충분한 감사의 말씀을 못 드려서 죄송합니다. 진심으로 감사드립니다. 그리고 항상 자기 페이스로 움직이는 나를 한국까지 데리고 가 준 庄田愼矢 씨께 감사드립니다.

●참고문헌●

群馬縣埋藏文化財調査事業團, 1991, 『三ッ寺遺蹟 II』.

金光正裕·合田幸美, 1992, 『螢池東の發掘調査』, 大阪文化財研究 20周年記念增刊號, 財團法人 大阪文化財センター.

煮炊きとその痕跡雑感

外山 政子

　私達のご先祖様はいったいどんな食料をどんな調理方法で食べていたのか
しらという疑問は、誰もが抱く疑問です。一昔前ですが、土器で本当に調理
が出来るのかと聞かれたことがあります。土器の砂が溶けて内容物に混じる
のではないかというのです。そうした声に答えるにはどうしたら良いのか。
当時のように土器をつくり、煮炊きをしてみるしかありません。実験を繰
り返すことで、より実態に近い復原が出来るでしょう。

　古代の人々の生活や技術を復原するには、しっかりした手がかりが必要で
す。煮炊きに使ったといわれる甕類の使用痕跡を観察し始めたのは、そんな
事がきっかけでした。

　手がけた調査ではカマドを設置した竪穴住居跡も多く、また、カマド内に
甕を据え付けたままの出土例も認められました。そこで、カマドに据え付け
たままで出土する長甕に注目をし、まず加熱施設と使用痕跡の関係を特定し
ようと考えました。6世紀後半から7世紀にかけての住居では2個の甕が据え
られているケースが多く、良い観察資料でした。また、一方で蒸し器とい
われる「甑」も共伴することが多く、ご飯を炊いたか、蒸したかという疑問
も明らかになるのではと考えていました。(群馬県地域では5世紀中頃にカマ
ドがつくられるようになります。導入期のカマドは中央にやや丸胴の甕を1
個据えるタイプと2個の甕を左右に並べて据えるタイプとあり、6世紀以降9

世紀半ば頃までは2個掛けタイプが主流となりそうです。）

　こうして始めた使用痕跡の観察結果から、カマド使用の甕の外面では

①　胴上部でスス止まりがあること

②　胴部から頸部にかけてカマドに密着させるための粘土付着があること

③　頸部から口縁部にススが及ばないこと

④　支脚の痕跡

が認められることが分かってきました。そこで次は、何を温めたかを知るための内面の使用痕跡ですが、困ったことにはっきりしません。コゲが明確には観察できないのです。内面胴上部にうすいヨゴレのバンドがめぐることはしばしばみられたのですが。このヨゴレは内容物がある程度沸騰した際や飛び散り付着したもの、あるいは加熱による蒸発にしたがって付着したものと考えられます。野菜をゆでる際などには良く観察できます。2個掛けの甕2つとも同じような痕跡です。この観察結果と甑の存在から考えてご飯を炊いたのではなく、蒸したのではないかと考えるようになりました。（現在ではススコゲ研究会によってさらに詳しく観察視点が加えられ、煮炊きの火力の違いにまで解釈が及ぶようになりました。）その後、6世紀から9世紀半ばまでの長甕を折に触れ観察を続けていますが、カマド使用の甕類で明確な炊飯痕跡は見つかっていません。

　これに対して、炉で加熱したと思われる甕は口縁部にまで及ぶススの付着としばしば吹きこぼれの痕跡がみられ、内面にはコゲが観察できて、大きな違いがあります。

　昨年群馬ワークショップの懇親会の席で北野博司さんから、「これらの観察をするにあたって実験をかなりしたのですか」という質問を受けました。その際　何気なく「はい」と返事をしてしまった記憶があります。あとでその頃はまだ実験できる状況ではなかったことを思い出しました。毎日食後の片付けにお鍋を洗いながら痕跡を見ていたと思います。材質は異なりますが、煮炊きの作業と使用痕跡は通じているのでしょう。

　カマド使用の痕跡については、高崎市かみつけの博物館の内田真澄さんが

実験しています。外面の痕跡は、先に観察した特徴とおおむね合致しました。さらに内田さんは、復原した2個がけのカマドでおいしいご飯を炊きました。この痕跡と出土甕の痕跡を、じっくり対比して観察する必要があるでしょう。複合した使い方をした場合も想定する必要があるかもしれません。しかし、何よりも出土した土器の内面に穀粒そのものや穀粒痕跡が見つかることを望みたいものです。

　昨年夏お世話になった韓国訪問ではこの炊飯実験が私のせいで大失敗。公州市長岐面唐岩里遺跡で、担当の鄭さんがオンドル付きの復原カマドで煮炊き実験をしてくださった。着火してすぐ直線的な煙道からは煙がもくもく。もう一方のL字形のカマドからは、しばらく煙が出てきません。こちらの甕は湯沸かしでしたが、まもなく沸騰してきました。L字に屈曲しているためカマド本来の保温機能が有効に作用したものと考えられます。ところが食文化研究会会長の呉さんの担当した直線的なカマドでは、私が「もう良いのでは」と言って火をひいてもらって大失敗。火前にあたる部分に火が通らずびしょびしょでした。火裏はなんとか食べられたのですが、ショックでした。呉さんがちょっと困ってらした顔がいまだに目に浮かびます。皆さんその節はごめんなさい。もう一度火を焚きなおしてもなかなか回復せずがっかりしました。ふと気がつくと主要メンバーは皆さんどこかへいなくなっており、失敗の原因を話し合っていたのかしらと、日本に戻ってからも落ち込んで悩みました。このごろになってようやく、私の炊飯感覚が違っていたと気がつきました。カマドの構造の違いを全く考慮していなかったのです。私達が日本で扱っているカマドは一様に奥行きが短く、手前で火を焚くとカマド天井部の傾斜と後方の壁との間で熱が逃げずにカマド内の温度を安定的に保ちます。韓国の直線的なオンドルカマドは煙が時間をおかずに排出されていることから、熱が直接後方の煙道へ逃げやすいことが想像できます。燃焼効率あるいは調理効率を考えるなら、かなり長時間にわたって、長大なカマド内を温めておく必要があったのではないかと考えています。あるいは大阪の蛍ヶ池東遺跡のカマドのように、煙道部分と燃焼・保温室との間に下がり壁のような構造物があったのでしょうか？それにしても加熱時間が短すぎたのですね。すみません。

　我が家では、先頃、加熱施設をガスからIHクッキングヒーターに替え、家の中で直接炎を扱わないことにしました。電磁調理ですから温める際にも炎はありません。安全性が重視されており、鍋を載せないでスイッチを入れれば警告サインが出て、加熱されません。数々の工夫と技術に大いに感心すると共に、使い勝手の違いにとまどいの日々でした。

　まず鍋の材質に問題発生です。長年使い慣れた数々の鍋類（平底の鍋類が30点ありました）がその材質の故に使用できないというのです。（無視して使用すると例の警告サインが出てしまいます）。材質は鉄・ほうろう製がベスト。困ったことに土鍋がダメなのです。今までは大中小の土鍋を人数と料理によって使い分けていました。大勢が集まった日は大きな鍋を囲んでちょっと一杯。2人だけの場合は小さな土鍋で湯豆腐でちょっと一杯、という具合です。冬の食卓には欠かせないアイテムでした。スーパーに出かけてIHに使える土鍋を探したところ、形は似ているのですが手触りが全く違います。鍋の中にステンレスの敷物を入れて反応させるしくみのものでした。なんとか購入してめでたく鍋料理が食卓にあがるようになりましたが、「やれやれ」です。

　次に問題となったのは、「火加減」。炎を直接みながら調整するというのが長年の習慣でしたから、パネルの数値と内容物の煮立ち具合で加減するのは大変です。毎日が実験のようでした。このところようやく慣れて何気なく火加減が出来るようになりましたが、これも、「やれやれ」です。

　加熱施設の変化と、関連する道具や煮炊きの技術の変化がリンクするという事実を、改めて考えさせられた出来事でした。ひょっとして古代の人々もこんな思いを抱いたのでしょうか？ちなみに、現在我が家の使用中の鍋類は鉄鍋1・フライパン1・ほうろう鍋中2・小1・ミルクパン1・土鍋のような鍋1・パスタ鍋1です。すべて平底で底径12cm以上のものです。（使えなくなった鍋類は戸棚の中で再活躍の機会をうかがっているのかもしれません）

　これからは、新しい文化を受容する際の個人のとまどいにも思いをはせながら、群馬にやってきたカマドのルーツをたどって、私のカマドと使用痕跡研究を締めくくりたいと考えているところです。

　調理実験についての文章をというお話をいただいてから、いろいろまとまらず結局「雑感」という形になりました。群馬では小林正史さんや北野博司さんの指導によるすすこげ研究会の検討が進んできました。来年春には、統一的な観察観点による分析結果をお見せできるかと思います。

　2008年お世話になった食文化研究会の皆様、呉さん・韓さん・鄭さん、漢河考古学研究院申院長先生はじめ研究員の皆様、韓神大学の権先生、中村大介さん、長友朋子さん、充分なお礼も申し上げられず申し訳ありません。感謝いたしております。一貫してマイペースな私を韓国まで連れて行ってくださった庄田慎矢さんありがとうございました。

用語解說

용어해설

■ 결합식취사용기

주거지에서 사용되는 취사용기 중 찌는 기능을 갖는 시루와 자비용 심발·장란형토기가 부뚜막에서 결합되어 사용됨을 지칭하는 용어이다. 호남지역의 경우 이 같은 결합식 취사용기는 3~5세기동안 시공간적인 4개의 세트관계를 형성하며 3단계의 발전과정을 가지는 것으로 확인되었다. _ 허진아

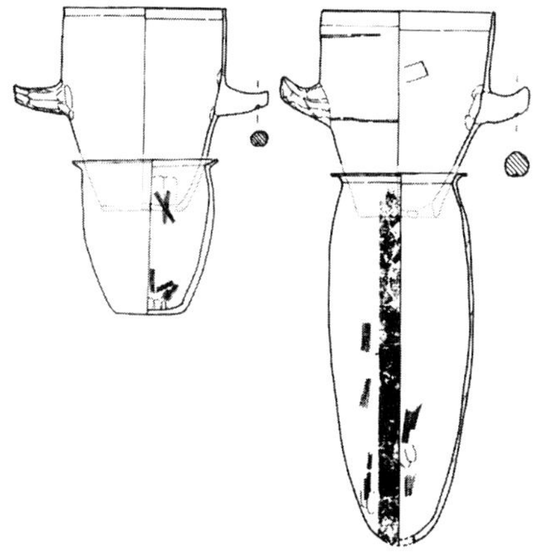

〈도 1〉 결합식취사용기 모식도

■ 계수선

조리 전 음식물(물, 물+음식물)이 담겨 있던 수면선과 조리 후 최종적으로 남은 음식물의 수면선을 의미한다. 다음 도면에서와 같이 계수선이 조리 전과 후에 달라 진 것을 확인할 수 있다. 이는 곧 음식물의 처음과 최종단계의 용량을 추정할 수 있는 증거이기도 하다. 또한 계수선을 기준으로 그 위로 띠상으로 형성된 탄착흔을 수면上탄착흔으로 보고 그 아래로 봉상형과 같은 형태 형성된 탄착흔을 수면下탄착흔으로 본다. _정수옥

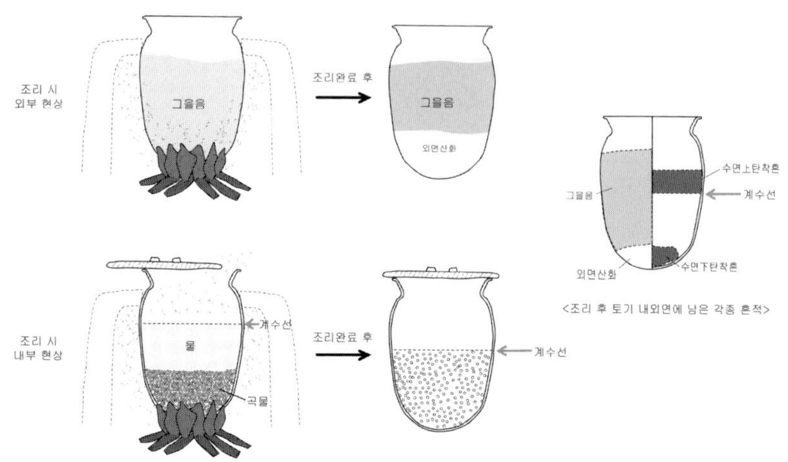

〈도 2〉 그을음과 탄착흔의 형성과정과 계수선(정수옥 2009)

▰▰▰ 고래

구들이나 부뚜막의 아궁이에서 지펴진 불길과 연기가 굴뚝으로 전달되는 통로
이다. 연기가 이 부분을 지나가면서 상면의 구들장을 데워서 난방을 하게된다. 아
궁이에서 굴뚝까지 연기가 지나가는 길이란 의미로 흔히 '煙道'로 부르기도 하지
만 건축분야에서는 개자리에서 굴뚝 사이에 해당하는 공간을 칭한다. 따라서 연도
는 개념과 범위가 불명확하기 때문에 적합한 용어가 아니며 오히려 이전부터 부르
던 고래가 올바른 표현이다.

구들에서는 고래형태가 분명하게 나타나지만 부뚜막에서는 형태나 범위가 불
분명하거나 아예 없는 경우도 있다. 주로 규모가 큰 경기도 지역의 부뚜막에서 가
끔 확인되기도 한다. _ 오승환

▰▰▰ 굴뚝

불을 땔 때, 아궁이에서 발생된 연기가 고래를 지나 빠져 나가도록 만든 시설물
로 고래의 끝부분에 주거외부와 연결되는 홈이나 시설을 만들어 외부로 배연하게
된다. 삼국시대에는 축조재료에 의해 서천 지산리 II-57호 주거지, 미사리(숭실대
구간)B2호 주거지·춘천 율문리 주거지처럼 목통＋토기, 서울 아차산 유적처럼 토
제연통이나 순천 덕암동유적처럼 토관＋토기, 포천 자작리 2호 주거지·부여 정동
리 주거지처럼 돌＋토기를 돌려 쌓은 굴뚝＋토기로 나뉜다. (오승환 2008)

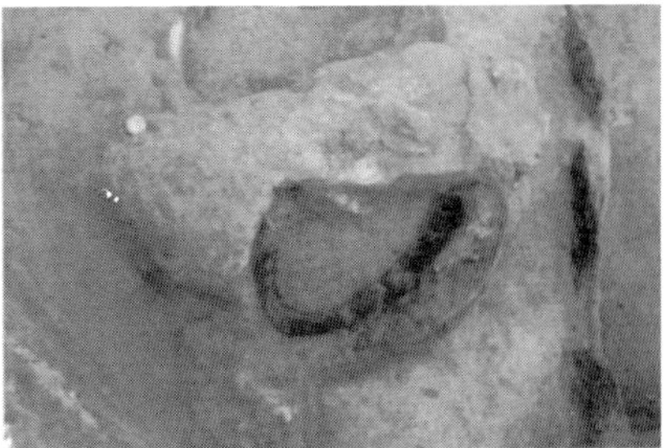

〈사진 1〉 춘천 율문리 1호 주거지 연통부 목통 전경

굴뚝의 본디말은 '굴ㅅ독' 으로 굴은 땅이나 바위가 안으로 깊숙이 패인 곳을 이르고, 독은 항아리를 가리킨다.(김광언 2003) 이는 연통부분을 조선시대에는 독으로 세웠기 때문이다. _ 장홍선

▬ 그을음

조리 시에 연료로 사용하는 나무 등에서 올라오는 연기가 조리용기 외면에 부착된 흑색 계통의 흔적을 말한다. 세척에 의해 떨어지기도 하지만 기벽에 흡착될 경우도 있다. 煉煤라고 부르기도 한다. _ 쇼다신야

▬ 다채널온도측정기

다채널온도측정기는 조리실험을 위해 고안된 기계로 침봉의 끝점에 달려있는 열전도 센서를 통해 그 데이터가 다채널온도 측정기로 전달되어 컴퓨터에 그 계측치가 1초단위로 기록되게 된다. 채널은 각 온도 측정 장소의 개수에 따라 선택적으로 사용할 수 있도록 각 채널마다의 연결코드를 별로도 두고 있다. _ 한지선

▬ 반구들

주거공간 내부의 바닥면에 고래를 3~4줄 가량 설치하는 부분난방 형태이다. 쪽구들처럼 벽체를 따라 일부 면에만 설치하는 것이 아니라 방의 절반 또는 상당 부분에 설치되는 비전면적인 난방형태이다. 대체적으로 삼국(고구려)~조선시대까지 나타난다. 쪽구들로 보기에는 주거 내에 설

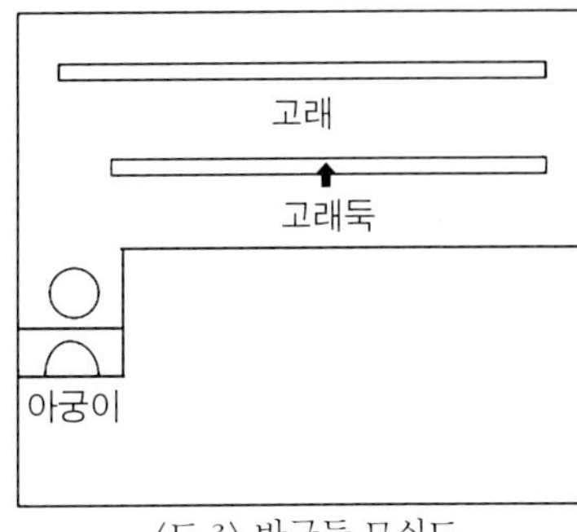

〈도 3〉 반구들 모식도

치된 공간이 넓으며 한쪽으로 치우쳐 있지도 않은 형태를 의미한다. 방의 전면에 설치되는 온구들과 구분되는 명칭이다. _오승환

■ 봇돌과 이맛돌

봇돌은 부뚜막 전면 양측에 봇돌을 세우고 그 위를 가로질러 이맛돌을 얹은 형태로 아궁이의 외형구조를 형성한다. 기능은 상부 무게를 견고하게 지탱하기 위함이며 비바람, 땔감 등 외부에 의한 물리적 충돌과 고열에 의한 갈라짐 현상을 막기 위함이다.

봇돌의 재료는 현재 확인된 예로는 석재와 토기, 원통형토제품이며 이맛돌의 재료는 석재와 원통형토제품이다. 전라지역에서 봇돌이 확인된 유적은 고창 교운리유적, 함평 노적유적, 광주 향등유적, 담양 태목리유적 등이다. 고창 교운리유적과 담양 태목리유적은 주로 장란형토기를 이용하였고 광주 향등유적은 석재, 장란형토기, 원통형토제품 등을 모두 사용하고 있다.

이맛돌로 쓰인 원통형 토제품은 광주 향등유적 26호 주거지에서 확인된 사례만 있다. 형태는 원통형토제품을 세운 봇돌 사이에 같은 재료의 이맛돌을 얹었다.

호남지역의 경우 일상용 장란형토기에서 석재나 원통형토제품을 사용하거나 봇돌과 이맛돌이 함께 설치된 부뚜막이 기술상 발전된 형태로 보는 견해가 일반적이나 일반 취사기능과는 다른 특수기능을 위한 시설로 보는 견해도 있다. 편년은 주로 4~5세기에 해당된다. _김미연

■ 부뚜막(서울경기권)

백제시대 한성기에 무렵에 사용된 부뚜막 중 벽체와 천정 모두를 판석을 이용하여 기본골격을 만든 후 점토를 피복한 평면 'ㅣ자형'의 부뚜막을 말하며, 주로 서울경기지역을 중심으로 확인되고 있어 붙여진 이름이다.

이시기 부뚜막의 평면형태는 'ㄱ자형', 'ㄇ자형', 'ㄱ자형', 'ㅣ자형' 등 다양한 형태가 확인되며, 서울경기지역에서는 'ㅣ자형'의 빈도가 가장 높다. 'ㅣ자형' 부뚜막 중 폭도 넓고 고래부가 길게 발달한 대형 부뚜막은 평면형태가 육각형을 이루고 출입구가 부가된 대형주거지를 중심으로 조사되고 있으며, 폭이 좁고 고래부도 짧은 부뚜막은 (장)방형이나 타원형 주거지를 중심으로 확인되고 있다(경기도박물관 2006). 부뚜막의 벽체는 점토만을 사용하거나 판석·천석·할석 등의 석재를 이용해 골격을 만들고 점토로 보강하여 양벽이 존재하는 '11자형'으로 만든다. 그리고 천정은 미리 만들어 놓은 점토판이나 판석을 벽체위에 올려 기본골격을 만들고 점토로 외면을 피복하여 만들어졌다. _정종태

▬▬ 부뚜막(충청전라권)

백제시대 한성기에서 웅진기 무렵에 사용된 부뚜막 중 벽체 및 천정을 주로 점토를 이용하여 평면 'ㄱ자형'으로 만든 부뚜막을 말하며, 충청전라권을 중심으로 확인되고 있어 붙여진 이름이다.

이시기 부뚜막의 평면형태는 'ㄱ자형', 'ㄇ자형', 'ㄱ자형', 'ㅡ자형' 등 다양하게 확인되며, 충청전라지역에서는 'ㄱ자형'의 빈도가 가장 높다. 벽체는 주로 점토만은 이용하여 양벽이 존재하는 '11자형'으로 만들고, 천정은 점토판을 미리 만들어 벽체위에 올리거나 나뭇가지 등을 엮어서 벽체 위에 올리는 등의 방법으로 기본골격을 만들고 점토를 두툼하게 피복하여 만들어졌다. _정종태

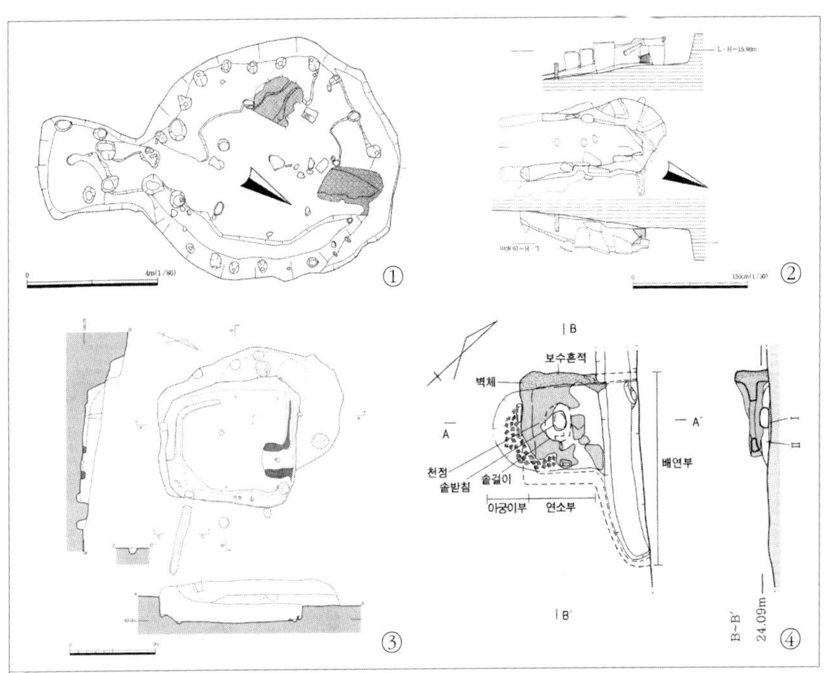

〈도 4〉 ①② 서울경기권부뚜막(① 미사리 고려대 040호 주거지 ② 미사리 고려대 040호 주거지 부뚜막 세부) ③④ 충청전라권 부뚜막(③ 익산 사덕 9호 주거지(호남문화재연구원 2007) ④ 해남 신금유적 40호 주거지 부뚜막 천정부 점토판 잔존상태 (호남문화재연구원 2005))

▬▬ 부뚜막식 노지

부뚜막식 노지는 터널식 노지와 구분하여 연도부가 짧게 형성되거나 거의 없이 벽에 붙어서 바로 연통부로 이어지는 구조로 취사기능이 강하다. 아궁이식, 화덕

등 여러 명칭으로 불려지고 있다.

※ 연구자의 시각에 따라 터널식구조도 부뚜막식에 포함하는 경우, 온돌의 시원적인 형태로 보는 경우도 있다. _ 한윤선

▬ 부석식 노지

부석식 노지는 주거지 상면을 얇게 파거나 또는 평지상태에서 평평한 강돌을 이용하여 일정하게 깐 형식이다. 돌과 돌사이의 틈을 점토를 이용하여 메꾸거나 그 위에 점토를 덧발라 마무리 하였다. 또는 한쪽 면에 넓적한 판석을 세워 바람막이 역할을 한 예도 있다. 연구자의 시각에 따라 점토띠식 노지로 세분되기는 하나 부석식 노지와 평면형태는 크게 다르지 않다. 노지의 위치는 주거지 중심부가 아니라 한쪽 벽면으로 치우쳐 노시설의 공간이 중심부에서 이탈하여 출입구 반대편 벽면으로 약간 편재화 되는 양상이 보이며, 주로 초기철기시대 한강유역 및 중부지역에서 확인된다. _ 한윤선

▬ 산화부

조리가 진행되면서 처음에는 자비용기 외면의 전면에 부착된 그을음이 강한 가열에 의해 酸化燒失된 부분, 피열 정도가 심하면 토기 기벽이 赤色化되기도 한다. _ 쇼다신야

▬ 사치형 고정(斜置形 固定)

삼국시대의 부뚜막에서는 취사용기가 2개 이상 거치되어도 아궁이에는 솥걸이가 대개 1개만 확인된다. 따라서 대부분의 부뚜막에는 하나의 솥걸이만 설치하고 여기에 1개 또는 그 이상의 취사용기를 걸어 사용하였을 가능성이 높다. 이처럼 솥걸이 1개에 2개 이상의 취사용기를 걸어 안정적인 취사를 가능케 하려면 직치형과 사치형의 고정방법을 쓰게 된다.

사치형고정은 2개 이상의 취사용기가 하나의 솥걸이 안에 서로를 기대어서 고정되도록 한 형태이다. 따라서 직치용 고정과 달리 솥걸이에 사선방향으로 약간 기울여서 거치하는 방식이다. 대체로 취사용기끼리 구연이나 동최대경이 맞닿게 하여 서로를 지탱하면서 고정하게 된다. 사치형 고정에는 다시 동일한 크기의 기종끼리 서로 기울여서 상호 지탱하는 사치고정 1식(도 5)과 크기와 기종이 다른 용기끼리 배치하여 큰 용기에 작은 용기가 걸쳐져 지탱하는 사치고정 2식(도 6)으로 구분된다. _ 오승환

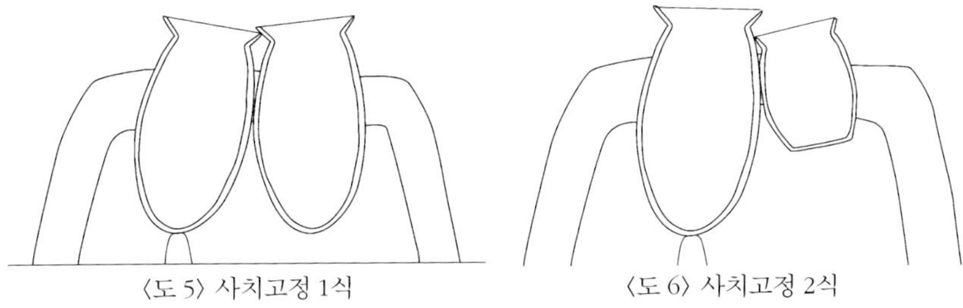

〈도 5〉 사치고정 1식   〈도 6〉 사치고정 2식

▰▰ 직치형 고정(直置形 固定)

直置形 固定은 2개 이상의 취사용기를 하니의 솥걸이에 병렬로 나란하게 직립시켜 고정하는 형태이다. 직치형 고정에는 2개의 장란형토기처럼 같은 크기의 동일기종끼리 고정시키는 1식(도 7)과 장란형토기와 심발처럼 큰 용기에 크기가 작은 용기를 지지시킨 뒤 거치하는 2식(도 8)으로 구분할 수 있다. _오승환

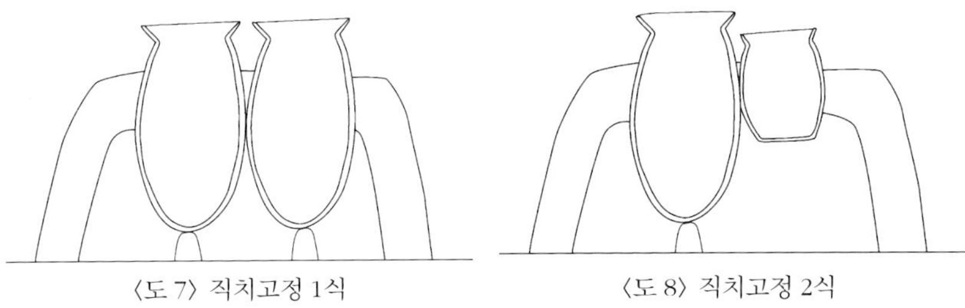

〈도 7〉 직치고정 1식   〈도 8〉 직치고정 2식

▰▰ 솥(釜, 鼎)

솥은 취반(炊飯), 가열하기, 끓이기 등에 사용되는 용기이다. 예부터 주로 밥짓기에 사용되었으며 국이나 탕 끓이기에 사용하기도 한다. 현재 민속자료로 남아있는 재래식 솥은 무쇠로 된 것으로 네 귀가 달려있고 아구리가 오긋하며, 솥뚜껑(소댕)도 무쇠로 꼭지가 달린 것을 썼다. 쇠솥(鐵釜)의 형태는 크게 둘로 나눌 수가 있다. 하나는 다리가 없고 솥바닥이 둥근 편이며 주둥이가 좁고 솥전이 오므라든 것으로 뚜껑이 솥전 위에 빈틈없이 얹힌다. 다른 하나는 다리가 세 개이고 솥바닥이 비교적 편편하며 주변이 직선형이고 주둥이가 약간 넓게 퍼진 모양에 뚜껑이 솥전보다 약간 커서 잘 밀착되도록 만들어진 것으로 영·호남지방에 많다. 솥의 다리가 없는 것은 '부(釜)', 다리가 있는 것은 '정(鼎)'이라고 한다(한국조리과학회, 2002).

솥은 크기에 따라 두멍솥(용가마), 가마솥(닥세리, 다가리), 중솥, 옹솥(다갈솥,

작은 화솥) 등으로 구분한다. 두멍솥은 아가리가 벌어진 대형 솥으로 잔치를 맞아 많은 손님을 치르려고 음식을 한꺼번에 많이 삶거나 끓일 때 쓴다. 솥뚜껑은 여닫기가 편하도록 반달꼴의 두툼한 나무판 두 쪽으로 만든다. 가마솥은 크고 우묵한 솥으로 흔히 뚜껑을 나무로 만들어 덮는다. 가마솥에는 밥도 짓지만 사랑채 부뚜막에 이것 하나만 걸어 마소의 여물을 삶기도 한다. "죽가마"라는 이름은 이에서 왔다. 중솥에는 보통때 밥을 짓고, 옹솥에는 국을 끓인다. 오늘날에는 전이 달리고 밑이 뾰족한 알루미늄제의 왜솥(양은솥)이 흔하다(김광언 1997).

솥은 만들어진 재료에 따라 무쇠솥 이외에 새옹 · 노구솥 · 놋쇠옹 · 질솥 · 곱돌솥 등이 있다. 새옹은 놋이나 백동으로 만든 지름 25cm, 높이 10cm의 작은 솥으로 밥을 짓거나 죽을 쑤는 데에 쓴다. 바닥은 편평하고 배가 부르지 않고 들고 다니기가 편하다(김광언 1997). 노구솥은 놋쇠나 구리로 만든 솥으로 자유로이 옮겨 따로 걸고 음식을 익힐 수 있다. 황해도에서는 '노구쟁이' 라고도 한다. 품질이 낮은 놋쇠로 만든 만은 솥을 통노구라고 하고 바닥이 편평하다(한국조리과학회 2002). 놋쇠옹(놋새옹)은 구리 70~95%에 주석 5~30%를 섞어 만드는데 새옹보다 조금 크다. 일반솥과 달리 솥바닥과 뚜껑이 모두 편평하고 배가 부르지 않고 넓은 전이 달려있다. 따뜻할 때 솥 채 올리는 밥그릇으로 주로 사찰에서 많이 이용한다(한국조리과학회 2002). 질솥은 옹기로 만든 솥으로, 예전에 등짐장수들은 지겟가지 끝에 이것을 달고 다니다 밥을 지어 먹었다. 곱돌솥은 곱돌을 깎아 만든 고급 솥이다(김광언 1997).

우리나라에서 발견되는 솥의 형태를 보면 다리의 유 · 무를 떠나서 크게 세 가지로 구분된다. ①저부-동체-구연부가 원형에 가깝고 구연이 발달한 형태, ②저부는 둥글고 원통형의 긴 동체를 가진 형태, ③저부가 편평하고 동체가 직립하거나 전체적으로 현재의 솥과 유사한 편구형의 형태를 갖는 것이 있다. 반면 공통점은 동체에 360°로 전이 돌려지거나 4개의 귀가 부착된다는 것이다. 그리고 솥은 부뚜막의 등장 및 보편화와 밀접한 관련이 있다.

우리나라에서 솥은 고구려는 4세기경, 백제와 신라는 5세기 후반경 등 삼국시대에 ①의 형태로 등장한다. ①형태의 솥은 쇠솥과 흙솥이 공존하며, 장란형토기나 장동옹도 솥으로 사용되었다. 그리고 세발솥은 낙랑이나 삼국시대 초기에 흙이나 청동으로 만들어져 의기(儀器)로 사용되다가 소재가 철로 바뀌었고 삼국시대 후기가 되면서 생활용기로 이용되었다.

통일신라와 고려시대에는 ②형태의 솥(釜, 鼎)이 사용되었다. 통일신라시대에는 쇠솥과 흙솥이 모두 확인되며 집안에서 매우 중요한 재산이었다. 조선시대 이후

에는 현재 민속자료로도 남아있는 형태, 즉 ③형태의 솥이 사용되었고 재료도 다양
해졌다(鄭鍾兌 2005 · 2006). _정종태

솥걸이

장란형토기나 솥을 걸쳐 올려놓고 취사행위를 할 수 있도록 부뚜막 천정에 둥글
게 구멍을 내어 만든 부분이다. 솥걸이에는 취사용기가 거치되므로 무게하중에 잘
견디도록 축조한다. 솥걸이의 축조에는 점토에 토기편을 겹쳐가며 쌓거나 판석을
이용하는 등 다양한 보강시설이 확인된다. _오승환

솥받침

솥걸이의 하단에 위치하여 취사용기를 떠받치는 시설로 돌이나 토기 등을 이용
하며 대체로 삼국시대에서 통일신라시대까지 확인된다. 솥받침은 솥의 무게하중을
받쳐야하므로 비교적 견고하게 설치된다. 또한 재료에 따라 頂部가 편평하고 긴 돌
을 세워 고정하거나 鉢, 深鉢 등의 토기에 흙을 채우거나 돌을 세운 뒤 토기를 뒤집
어 얹은 상태로 사용하기도 한다.

솥받침의 크기는 불길을 가로막지 않을 정도의 넓이와 크기를 가져야 하며 견고
하게 고정하여 취사도중 넘어지지 않도록 설치한다. _오승환

시루

초기철기시대에 처음 출현하여 오늘날까지 사용되고 있다. 시루는 구연부형태,
중기공형태, 파수부형태에 따라 시 · 공간적 변화양상을 보이는데, 지역적으로 크게
중부형 · 호남형 · 영남형으로 나뉜다. 시간이 지날수록 구연부형태는 단면삼각점
토대토기 → 직립구연 / 내만 → 외반구연, 증기공형태는 불규칙배치(직경 1cm미
만) → 원형배치(직경 1cm이상) → 다각형, 파수부형태는 우각형 → 고리형으로 형
태변화를 가진다. _허진아

실험고고학(實驗考古學)

고고학적 자료들을 설명하기 위해서 과거와 동일한 조건에서 실험적으로 그 용
도를 연구하는 고고학의 한 분야로서 현재 광범위하게 추구되고 있는 고고학에서의
상사성(相似性)을 관찰할 수 있는 중요한 방법론이다. 즉 인위적으로 조절된 상황하
에서 일어나는 현상 속에서 나타나는 상사성을 관찰하는 노력인 것이다. 실험고고
학에서는 도구의 용도, 획득, 제작, 사용, 폐기 등을 연구하게 된다. 가장 높은 수준

의 실험고고학은 과거와 같은 조건에서 사회의 복원과 유지를 연구하는 것이다.

실험고고학은 주어진 변수, 즉 상황을 비교적 정확히 파악할 수 있을 뿐만 아니라 변화의 과정을 일목요연(一目瞭然)하게 관찰할 수 있다는 이점이 있으나 주어진 모델이 꼭 고고학적인 현상을 그대로 반영한다고 할 수 없는 약점이 있다. _ 한국고고학사전

▅▅▅ 심발형토기(深鉢形土器)

발형토기는 그 형태에 따라 다양하게 세분화되며, 그 중 발형으로 심도가 깊은 형태를 심발형토기로 본다. 하지만 원삼국시대 이후의 심발형토기는 외반된 짧은 구연부를 가지고, 심도가 그다지 깊지 않으며, 격자나 승문이 타날된 토기를 지칭하는 고유명사화 되었다. 주거, 분묘 유적등에서 출토되고 있으며, 특히 주거유적에서 출토되는 경우에는 취사용기로 사용되었던 흔적이 남아있는 사례가 많아 주로 취사용기로 사용되었음을 알 수 있다. _ 정수옥

▅▅▅ 아궁이

보통 부뚜막의 일부를 이르며 가장 앞부분에 해당하는 구조로, 연소와 취사가 동시에 이루어지는 장소이다. 연기가 밖으로 퍼지지않고 고래와 굴뚝을 따라 배출되는 폐쇄구조이기 때문에 동시에 다른 작업도 충분히 가능하다. 이처럼 부뚜막 시설의 가장 중요한 역할이 이루어지는 공간이 바로 아궁이이다.(오승환 2008) 아궁이의 옛이름은 '아귀' 이며 흔히 솥이 걸린 부뚜막아래에 마련하지만 부뚜막이 없는 함실아궁이도 있다. 함실아궁이는 구들 밑으로 불을 땔 수 있도록 방의 어느 한쪽을 다른 데보다 깊이 파고 구들장도 두꺼운 것을 놓는다. 이렇게 하면 불길이 구들 밑으로 바로 들어가므로 방이 빨리 더워진다.(김광언 2003) _ 장홍선

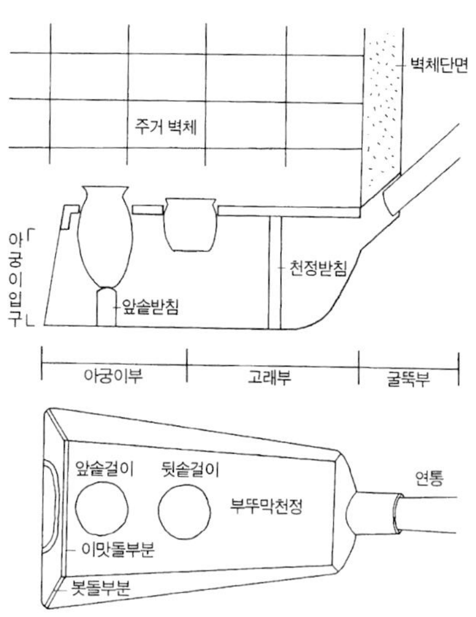

〈도 9〉 부뚜막 모식도(오승환 2008)

■■■■ 아궁이 문틀

외형이 'U'字 또는 'ㄷ'字 형태이며 아궁이 입구 외면에 마치 문틀과 같은 모양으로 설치되어 외관을 보호·장식하는 토·철제품이다.

2000년대에 와서야 학계에 보고되기 시작하여 아직 명칭이 통일되지 않아 '노지용 토제품'(국립문화재연구소 2001), '아궁이틀'(서현주 2003), '아궁이장식'(권도희·송만영 2003), '아궁이테'(권오영 2007) 등으로 불리우고 있다.

'노지용 토제품'은 부뚜막과 관련된 성격을 제대로 담아내지 못하며, '아궁이틀'과 '아궁이테'는 아궁이의 구조상 골조나 일부분으로 이해되기 쉽고, '아궁이장식'은 기능보다 장식적 효과만 부각된다는 한계를 가진다.

'아궁이 문틀'은 아궁이 외곽이 입구에 문틀과 같온 형태로 부착하여 아궁이의 외관을 보호·장식하므로 기능과 형태적인 성격을 잘 나타내준다. 우리나라에서는 아궁이 문틀의 분포범위가 삼국의 고구려와 백제영역에서만 한정적으로 나타난다. _오승환

■■■■ 얼룩

취사 중에 음식물이 끓으면서 올라오는 수증기로 형성되는 띠상의 흔적을 의미하는 것으로 탄착흔이나 그을음, 흑반 등과는 구별된다. 토기의 색조보다 좀 더 짙은 얼룩과 같은 형상으로 탄착흔이나 흑반 등과 같이 특별히 구분되는 색조가 있는 경우는 드물다. _허진아

■■■■ 연도(煙道)

연기가 굴뚝으로 빠져나가기 전 통로에 해당된다. 고래와 동일한 용어로 고고학계에서 주로 사용한다. 최근 부뚜막 연구가 많아짐에 따라 용어의 문제점도 제시되었다. 우리 민족지 자료에 따라 '고래'라는 명칭으로 대체하는 것이 바람직하다. 학술총서 1집에 용어해설이 잘 되어 있어 생략한다. _김미연

■■■■ 연소부

아궁이부와 동일한 용어로 우리 민족지 자료에 따라 '아궁이부'라는 명칭으로 대체하는 것이 바람직하다. 연소와 취사가 동시에 이루어지는 부분으로 아궁이의 범위는 화구에서 마지막 솥걸이가 위치하는 곳까지 해당한다. _김미연

▬▬ 연통형토기

연통형토기는 주거지 내 부뚜막이 주거지 바깥부분으로 연결될 때 배연이 원활히 이루어질 수 있도록 토제로 연결된 관을 통칭한다. 연통형토기의 형태는 3~4세기 대에는 대체로 1단의 하광상엽식 형태를 띠다가 백제 사비기(6세기 이후)에는 상하의 균일한 폭으로 다수의 연통을 연결시킬 수 있도록 연결단을 둔 다단의 연통과 연가와 같은 연통 끝 장식을 함께 결합하여 사용한다. _ 한지선

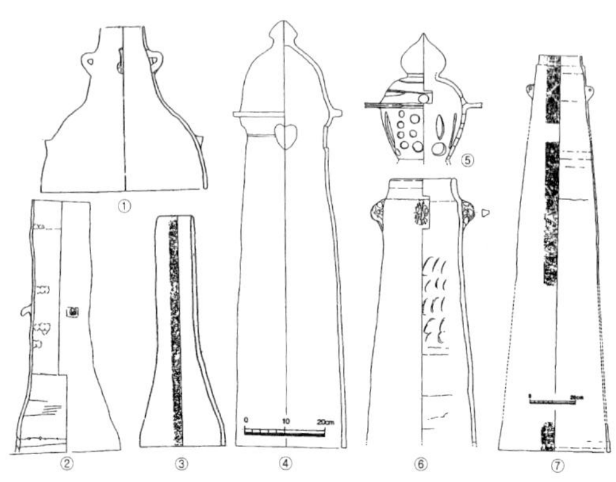

〈도 10〉 연통(형토기) 각종(① 천안 용원리 주거지, ② 여수 미평동 양지 토기요지 서쪽 태토 저장수혈, ③ 승주 대곡리 도롱ㆍ한실 3호 주거지, ④ 집안 우산묘구 M2325, ⑤ㆍ⑥ 부여 능사, ⑦ 부여 군수리)

▬▬ 열효율(熱效率)

공급된 열(熱)이 유효(有效)한 일로 변한 정도를 나타내는 비율로, 부뚜막의 열효율이 높다는 것은 부뚜막의 형태가 발열량을 높이기에 용이하다는 것이다. 서울경기권의 부뚜막은 판석을 이용하여 제작하므로 발열하기에 더 좋은 조건을 가진다. _ 장홍선

▬▬ 온구들

일반적으로 '온돌' 또는 '구들'로 부르는 전형적인 바닥 난방형태이다. 주거공간(방)의 바닥 전면에 고래를 설치하여 전면적으로 난방이 가능하도록 하였다. 조선시대 전기부터 일부 보이지만 후기에 이르러서야 비로소 전국적으로 확산된다. 쪽구들과 반구들과 상응되는 명칭으로 바닥전면에 시설되어 '온구들'이라 부른다. _ 오승환

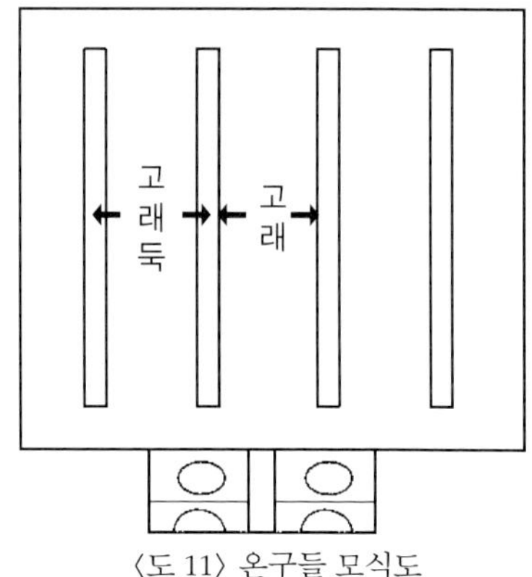

〈도 11〉 온구들 모식도

▬▬ 이동용 부뚜막

토제나 금속제로 부뚜막형태를 축소·재작하여 무덤에 부장하거나 실용기로 사용한 것이다. '화로형 토기', '화덕형 토기', '(토제)풍로', '부뚜막형 명기' 등 다양한 명칭으로 불리는데, 일본에서 쓰이는 명칭을 그대로 번역한 '부뚜막형 토기·조형토기(かまど形 土器·竈形土器)', '이동식 부뚜막(移動式かまど)' 으로 부르기도 한다.

이처럼 명칭은 대부분 재질과 형태를 가지고 조합한 것으로 그 의미가 불분명하거나 적합한 의미를 내포하지 못한 경우가 많다. 이동용부뚜막과 일반 부뚜막시설의 가장 큰 차이는 무엇보다 고정된 시설과 이동 가능한 용기라는 점이다.

먼저 '移動式 부뚜막' 과 '移動形 부뚜막' 처럼 이동이 가능하다는 점을 전제로 한 造語를 살펴보면 움직인다는 뜻을 가지는 '移動' 에 형식을 부여히는 것은 的確한 표현이라 하기 어렵다. 오히려 이동이 가능하게 제작된 가능성을 주시한다면 '移動用' 이라는 표현이 알맞다고 생각된다. 그리고 일본과 같이 토제만 출토된다면 토제품도 검토할 수 있지만 우리나라처럼 금속제가 공존하는 현실에서는 적당한 용어가 될 수 없다.

이외에 현재 쓰이는 '토제 부뚜막' 이나 '부뚜막형 토제품' 은 주거 내에 설치된 부뚜막에도 일부 돌을 이용하는 토석혼축이 존재하지만 완전히 흙만을 이용하여 제작하는 사례도 많기 때문에 막연히 '토제' 나 '토제품' 으로 구분하기는 어렵다.

기존의 '화로형 토기' 나 '화덕형 토기' 는 선사시대의 '爐' 역시 화로나 화덕으로 총칭하여 부르기 때문에 이러한 모호하고 막연한 용어를 쓰는 것 보다는 부뚜막이라는 명확한 용어를 사용하는 것이 정확한 표현이다. 또한 '토제풍로' 또는 '풍로' 로 쓰이는 경우도 있는데 풍로의 개념은 바람을 불어넣어 불을 피우는 화로시설이므로 이러한 부뚜막과는 사실상 거리가 멀다.

한편 무덤에 부장된 사례가 많아 '부뚜막형 명기' 라는 표현도 쓰이지만 실용기로 사용된 예도 있기 때문에 이 역시 포괄적이고 보편적인 의미를 가지지 못한다. 따라서 移動性을 반영하는 한편 재질의 구애됨이 없이 부뚜막형태임을 지시할 수 있는 '이동용 부뚜막' 으로 부르는 것이 적합하다. _오승환

▬▬ 잉걸불

조리 시 강한불~약한불 등 조리의 상황에 따라 여러 세기의 불을 받게 된다. 이중 숯불이나 다 타지 않은 장작물에 남아 있는 불이 잉걸불이다. 불꽃이 올라오지 않고 그을음도 많이 생기지 않는다. 하지만 잉걸불이라고 해도 100℃ 까지 도달하는데 시간이 다소 소요될 뿐 조리는 가능하다는 것이 실험으로 확인된 바 있다. _정수옥

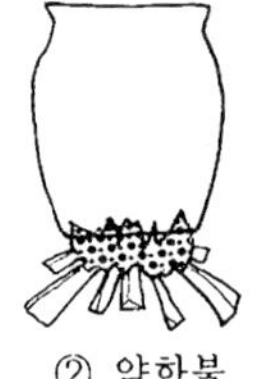

〈도 12〉 각 종 불의 세기(정수옥 2006)

■■■ 자비용기

시루에 증기를 공급해 줄 수 있는 '솥' 의 기능을 하는 용기로, 부뚜막에서 시루와 결합되어 사용된다. 원삼국~삼국시대 동안 주로 시루와 결합되어 사용된 자비용기는 장란형토기이다. 주로 액체를 끓이는 용도로 사용된 장란형토기는 부뚜막에 적합한 긴 동체를 가지면서 구연부가 시루 저부보다 넓어 시루를 끼울 수 있게끔 되어 있다. 호서호남지역 장란형토기는 서울경기지역 장란형토기에 비해 세장한 편에 속하는데, 이 같은 차이는 지역별 부뚜막 형태의 차이 때문인 것으로 보인다.

한편, 호남지역에는 4세기에 들면서 기고 18cm 이상의 자비용 심발이 출현한다. 일반적인 경우는 아니지만, 함평 소명유적이나 중랑유적과 같이 영산강유역을 중심으로 대규모 취락이 형성된 곳에는 장란형토기 외에 심발이라는 새로운 자비용기가 출현하여 조리의 다양화와 발전을 가졌던 것으로 여겨진다(허진아 2008). _ 허진아

■■■ 자비흔

기본적으로는 취사흔과 동일한 의미이지만, 섬유 생산 등 음식물을 조리할 때 이외에도 물을 끓일 기회가 있다는 점을 감안하여 자비와 관련된 흔적들을 한정된 목적이 아니라 광범위하게 표현할 때에 사용하는 용어이다. _ 쇼다신야

■■■ 자취(煮炊)

용기에 물과 채소류 또는 고기 등의 재료를 넣고 불을 때서 삶거나 끓임. 또는 용기에 물과 쌀을 적당한 비율로 섞은 후 불을 때서 밥을 하는 것. _ 정종태

비교) 자비(煮沸), 취사(炊事)

■■■ 장란형토기(長卵形土器)

장란형토기는 삼국시대 부뚜막에 쓰이는 취사용기이다. 형태는 긴 동체부를 가

진 원저로 물이나 수분이 많은 음식을 끓이는데 사용되었다. 대개 서울경기권에서 출토되는 장란형토기는 유경식으로 동체부에 승문을 타날하고 저부에 격자타날을 한 경우가 다수이며, 격자 혹은 승문만을 이용해 토기 전면을 시문한 경우도 있다. 한편 호서호남권에서는 무경식에 격자만을 단독 시문한 경우가 대부분이며, 영남권의 경우 평행선문 타날을 이용하는 등 지역마다의 특징을 가진다. 장란형토기는 철제 솥이 등장하기 이전까지 이용되었으며, 특히 철제솥으로의 과도기적인 형태로 전달린 장란형토기가 등장하기도 한다. 장란형토기는 제 기능을 상실한 이후에도 제활용되어 깨진편을 부뚜막의 바닥에 깔거나, 저부쪽만을 이용하여 부뚜막의 지각 역할을 한다. 또한 부뚜막의 입구부에 봇돌의 역할을 하는 경우도 있다. _한지선

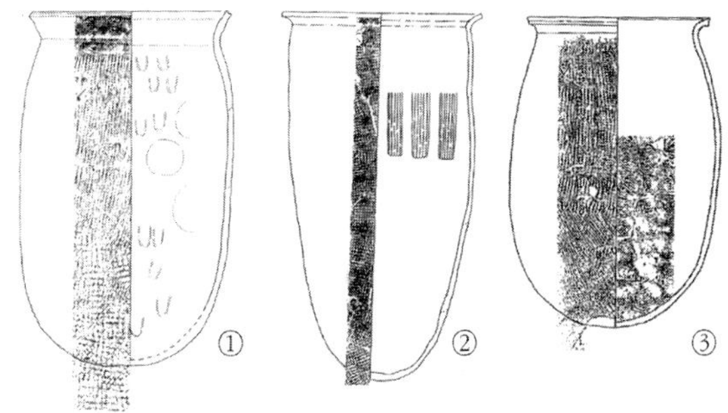

〈도 13〉 ① 풍납토성 경당지구, ② 서천 지산리 유적, ③ 김해 예안리 유적 출토 장란형토기

▬▬ 점토부착흔

부뚜막에 장란형토기나 심발형토기 등의 조리용기를 장착할 때 용기를 고정하고 아궁이부에서 올라오는 연기가 새나오는 것을 막기 위해 그 틈새를 점토로 돌려막게 된다. 이때 점토가 토기 외면에 부착되면서 조리과정에서 발생하는 열에 의해 점토가 토기 외면에 고착화되어 그 흔적을 남기게 되는데 이를 점토부착흔이라 부른다.

점토부착흔은 대개 솥걸이부와 용기 사이의 빈틈을 메우게 됨으로 빈틈의 폭에 따라 점토의 양이 조절되며 점토의 양이 많아질수록 밑으로 흘러내리기 때문에 이 경우 용기 외면 동체부에도 점토가 부착된 흔적이 남게 된다.

또한 점토가 부착되는 면은 대게 부뚜막의 솥걸이부 천정 두께만큼 걸쳐지기 때문에 솥걸이부의 천정 두께를 추정하는데도 유용한 정보를 제공한다.

현재 고고자료상 서울경기권 장란형토기에서는 다수 확인되나 호서호남권 장란형토기에서는 거의 확인되고 있지 않다. 그 이유에 대해서는 점토의 종류가 달랐거

나 용기를 고정하거나 틈새를 매울때 점토 이외의 물질을 사용했을 가능성이 있다. _ 한지선

주거지 외부 취사시설(야외노지 등)

원삼국~삼국시대 주거지 내부에서 확인되는 취사시설로는 부뚜막, 노지 등이 있다. 상당수 주거지에서 이 같은 취사시설이 확인되며, 시루나 장란형토기와 같은 취사용기가 공반출토된다. 그런데 어떤 주거지에서는 내부에서 취사시설이 확인되지 않으면서 시루나 장란형토기, 심발과 같은 취사용기가 발견되는 사례가 있다. 이러한 토기들은 주거지에서 취사행위가 이루어졌음을 의미하는 것이므로, 단순하게 내부에 시설이 확인되지 않는다 하여 취사시설이 없었다고 단정지을 수 없다.

이 같은 경우, 주거지 외부에 취사시설이 존재하였을 가능성을 상정해 볼 수 있다. 당시 주거지 규모를 고려해 볼 때, 취사로 인한 난방효과는 상시적인 주거지 내 취사를 저해하는 요인 에 해당한다. 따라서 기후나 온도에 영향을 받지 않고 상시적인 취사행위가 가능하도록 주거지 바깥에 별도의 야외노지 및 야외부뚜막 시설을 설치하였을 가능성이 높다. 이와 관련하여 장수 침곡리유적(군산대학교박물관 · 한국도로공사 2006) 9호주거지에서는 실제로 소형의 방형 수혈로 이루어진 야외 취사시설이 확인되기도 하였다. _ 허진아

쪽구들

주거공간 내부에 벽가를 따라 고래를 1~2줄만 설치하는 부분난방 형태이다. 대체로 벽체를 따라 좁고 길게 설치하는 중국이나 연해주의 "캉" · "炕"과 동일한 형태이며 한반도에서는 초기철기~통일신라시대까지 나타난다. 외형적인 특징에 따라 아궁이와 고래의 진행방향이 일치하지 않기 때문에 'ㄱ'자형, 'ㄷ'자형, 'T'자형 등 다양한 굴곡형태를 보이게 된다. _ 오승환

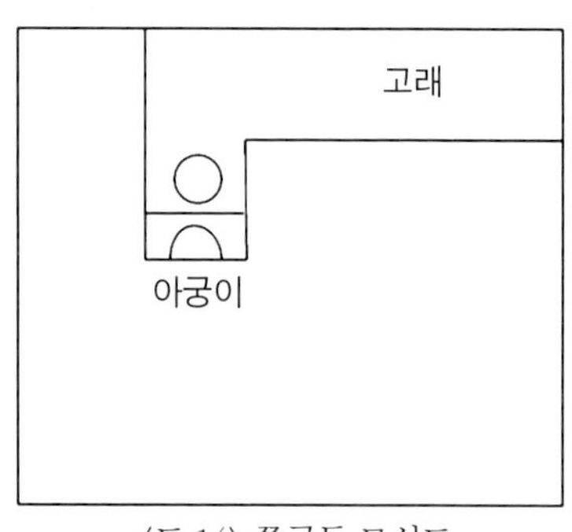

〈도 14〉 쪽구들 모식도

지주(支柱)

봇돌의 일본식 표현이다. 우리 민족지 자료에 따라 '봇돌' 이라는 명칭으로 대체하는 것이 바람직하다. _ 김미연

■■■ 증식(甑食)

시루를 이용하여 음식을 쪄먹는 방법을 이름. _장홍선

■■■ 취사

정확한 의미는 쌀을 끼니로 먹을 음식 따위를 만드는 일이다. '밥 짓기' 정도로 해석될 수 있겠으나, 고고자료를 대상으로 할 경우 보다 넓은 범위에서 조리행위 전체를 의미한다. 취사시설에서 취사용기를 이용하여 음식물을 조리하는 전 과정을 취사로 볼 수 있다.

취사방법은 시·공간적 특성에 따라 변화와 발전을 거듭해왔다. 단순하게 쌀을 끓여서 익혀먹는 현재의 취사방법 역시 몇 차례의 곡물조리 발전단계를 거친 결과이다. 갈돌과 갈판, 돌확을 이용해 곡물을 가루로 만들어 죽을 끓여 먹는 단계부터 시작하여, 시루로 밥을 쪄먹는 단계를 거쳐, 솥과 취사시설의 등장으로 현재와 같은 방법으로 곡물을 취사할 수 있게 된 것이다(鄭鍾兌 2006). _허진아

■■■ 취사용기

대표적인 취사용기로는 심발, 시루, 장란형토기, 솥 등이 있다. 저부가 편평하여 바닥에 세울 수 있는 심발은 주로 노지에서 사용되며 죽 등을 끓이는 용도로 이용되었다. 비교적 규격이 다양하여 여러 용도로 사용되었던 심발과 달리, 시루와 장란형토기는 부뚜막에 얹어 사용하는 부뚜막 전용 취사용기로 발전한다. 솥은 사비기에 장란형토기를 대체하여 새로이 나타나는 취사용기이며, 간혹 호형토기에서도 취사흔이 확인되는 경우가 있으나, 일반적인 사례는 아니다.

취사에 이용되면서 취사용기 내외면에는 취사흔이 형성된다. 부뚜막에서 사용된 토기는 대체로 그을음이 어깨 아래에서 몸통 하부에 묻어 있고, 바닥에는 그을음이 묻어있지 않는다. 어깨와 아가리에 그을음이 묻어있지 않는 것은 토기를 부뚜막에 얹게 되면, 부뚜막보다 위에 있는 면에는 불꽃이 닿지 않아 그을음이 묻지 않기 때문이며 바닥 역시 그을음이 생기는 불꽃이 바닥면보다 높은 지점에 형성되기 때문에 그을음이 묻지 않게 된다(복천박물관 2005). _허진아

■■■ 취사흔

취사용기에 나타난 취사와 관련된 흔적의 총칭. 구체적으로는 ① 주로 내면에 보이는 조리 대상물이 타서 흡착된 흔적인 탄착흔, ② 주로 외면에서 관찰되는 연료로부터 유래한 탄소가 흡착된 그을음, ③ 강한 被熱 때문에 그을음이 없어지거나

赤色化된 부분인 산화부, ④ 세로 방향으로 줄 모양을 나타내는 조리물이 흘러넘친 흔적 등이 있다. _ 정수옥

■■■ 탄착흔

가열에 의해 조리 대상물이 타서 조리용기 내면의 기벽에 흡착된 흔적, 흑색의 띠 모양으로만 나타나는 경우부터 곡물 형택가지 알 수 있는 등 여러 가지 상태로 확인된다. 이러한 자료는 年代測定이나 安定同位體 분석의 시료로도 활발하게 이용되고 있다. _ 정수옥

■■■ 탄화곡립흔

조리된 곡물이 탄화되어 토기의 기벽에 부착되게 되는 흔적이다. 또한 완성된 음식물을 덜어낸 후 기벽에 부착되어 있던 음식물이 떨어져 나가면서 곡물모양으로 기벽이 떨어져 나가기도 한다. 이 흔적은 곡물을 조리할 때 항상 남는 것은 아니고, 주로 밥짓기를 할때 형성된다. 즉 수분이 최종단계까지 줄어드는 방법으로 조리를 하거나 센 불이나 혹은 집중적으로 불을 받았을 때 잘 형성된다(정수옥 2009). _ 정수옥

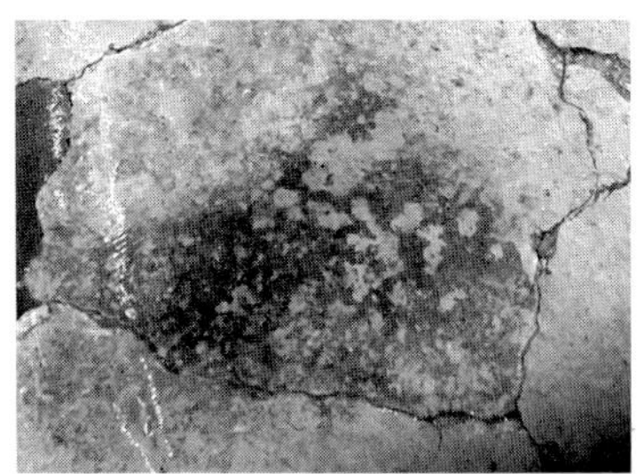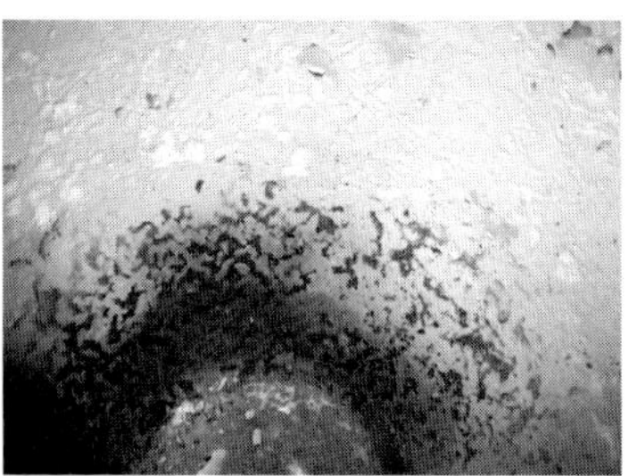

〈사진 2〉 사천 늑도유적 출토 토기의 탄화곡립흔(좌)과 조리실험 후 남은 탄화곡립흔(우) (정수옥 2009)

■■■ 터널식 노지

터널식 노지는 부뚜막식 노지에서 연도부가 길게 설치되는 것으로 취사는 부뚜막부에서 하고 난방은 부뚜막부 뿐만 아니라 연소부에서 생성된 열기가 전달된 연도부를 통해서 이루어진다고 할 수 있다. '구들식 노지' 로 불리기도 하며, 송만영은 이러한 노지를 취사 기능을 가진 부뚜막에 난방 기능을 추가한 것으로 보고 부뚜막식의 한 종류로 구분하기도 하였다. 따라서 터널식 노지는 부뚜막식과 매우 밀

접한 관련이 있으며 보다 발전된 시설물이라 할 수 있다. _한윤선

■■■■ 피열흔

조리 중 조리용기의 전면으로 뒤덮여 있던 그을음이 강한 가열에 의해 소실되게 되는데, 이때 산화정도가 심해지면 토기의 기벽에 적색화(화색)된 부분이 피열흔이다. 또한 부분적으로 봉상형이나 타원형으로 적색화된 부분과 그에 대응하는 내면에 탄착흔이 관찰될 경우에는 측면으로 가열된 것을 의미한다. _정수옥

■■■■ 호회(糊化)

녹말에 물을 넣어 가열할 때에 부피가 늘어나고 점성이 생겨서 풀처럼 끈적끈적하게 되는 현상을 의미한다(한국조리과학회 2002). 솥에 쌀과 물을 적당한 비율로 넣고 끓여서 밥을 지으면 물이 줄어들면서 끈적끈적한 찰기가 발생한다. 밥이 되어가는 과정을 말하며, 호화가 적당히 진행되어야 밥맛도 좋고 먹기에도 좋다. 한편 시루에 쌀을 넣고 증기로 쪄서 지에밥(고두밥)을 만들면 호화의 정도가 현저히 떨어져 물기가 없이 꼬들꼬들한 된밥이 되는데, 술을 담그기 위한 술밥을 만들 때는 호화를 방지하기 위해 시루를 이용한다. _정종태

■■■■ 흘러넘친 흔적

주로 조리 대상물이 전분을 많이 포함하고 있을 때, 가열에 의해 내용물이 膨張되어 수면이 올라가다가 밖으로 흘러넘친 흔적, 실제 토기에서는 세로 방향의 줄 모양을 나타내는데, 그 색조는 크게 흑색과 백색으로 나눠진다. _정수옥

參考文獻
참고문헌

강원문화재연구소, 2008a, 『춘천 율문리 335-4번지 유적』.

——————————, 2008b, 『橫城 屯內遺蹟』.

——————————, 2008c, 『寧越 文山里 遺蹟』.

경기도박물관, 2006, 『한성백제 - 묻혀진 백제문화로의 산책』 특별기획전 도록.

국립문화재연구소 유적조사연구실 서울·중부권문화유산조사단, 2008, 『2008년 風納土城 197번지 일대 발굴조사』, 지도위원회의 자료.

國立文化財硏究所, 2003, 『韓國考古學事典』.

國立中央博物館, 1998, 『驪州 淵陽里遺蹟』.

群馬縣埋藏文化財調査事業團, 1991, 三ッ寺遺蹟 II.

金光正裕·合田幸美, 1992, 『螢池東の發掘調査』, 大阪文化財硏究 20周年記念增刊號, 財團法人 大阪文化財センター.

金圭東, 2002, 「한반도 고대 구들시설에 대한 연구」, 『國立公州博物館紀要』第2輯.

김광언, 1997, 『한국의 부엌』, 대원사.

柳基正, 2003, 「泗沘期 구들시설 建物址에 대한 一考 -扶餘 井洞里遺蹟 建物址를 中心으로-」, 『國立公州博物館紀要』第3輯.

裴基同·尹又埈, 1994, 「漢陽大學校發掘調査團 調査報告 1992」, 『美沙里 第2卷』, 美沙里先史遺蹟發掘調査團.

복천박물관, 2005, 『선사·고대의 요리』.

————————, 2005, 『선사·고대의 요리』, 특별전 도록.

小林正史, 2008, 「古墳時代後期から古代の米蒸し調理」, 『芹澤長介先生追悼 考古·民族・歷史學論集』.

食文化探究會, 2006, 「炊事形態의 考古學的 研究」, 『계층 사회와 지배자의 출현』, 한국고고학회 창립 30주년 기념 한국고고학전국대회, 패널 발표.

__________, 2008a, 「부뚜막취사의 실험고고학적 검토」, 『樣式의 考古學』, 제32회 한국고고학전국대회, 패널 발표.

__________, 2008b, 「부뚜막과 장란형토기를 이용한 취사실험 연구」, 『야외고고학』 제5집, 한국문화재조사기관협의회.

오승환, 2008, 「부뚜막의 구조와 이용 -서울・경기지역을 중심으로-」, 『식문화탐구회 학술총서 1집 취사의 고고학』, 서경문화사.

尹世英・李弘鍾, 1994, 『渼沙里』5, 渼沙里先史遺蹟發掘調査團.

이건일, 2009, 『백제 주거지 지상화과정 연구 -호서지역을 중심으로-』, 충남대학교대학원 석사학위논문.

李南奭・李賢淑・尹英變, 2005, 『舒川 芝山里遺蹟』, 공주대학교박물관.

李民錫, 2003, 『韓國 上古時代의 爐施設 研究 -湖南地域을 中心으로-』, 전북대학교대학원 석사학위논문.

이성우, 1992, 『古代 韓國食生活史研究』, 鄕文社.

이영덕, 2004, 「호남지방 3~5세기 주거지 구조 복원 시론(Ⅰ)」, 『연구 논문집』4, 호남문화재연구원.

이영철・김미연・장명엽, 2005, 『海南 新今遺蹟』, 호남문화재연구원.

李販變, 2006, 『舒川 楸洞里 遺蹟 II地域』, (財)忠淸文化財研究院.

임영진・이승용・전형민, 2003, 『咸平 昭明 住居址』, 전남대학교박물관.

任鶴鍾・李政根, 2006, 「先史土器 製作實驗」, 『한일신시대의 고고학』, 영남고고학회・구주고고학회 제7회 합동고고학대회.

任孝宰 외, 『渼沙里』 제3권, 渼沙里先史遺蹟發掘調査團.

鄭修鈺, 2006, 『風納土城 炊事用土器 研究』, 고려대학교 대학원 석사학위논문.

______, 2007, 「風納土城 炊事用土器의 調理痕과 使用方法」, 『湖西考古學』17, 湖西考古學會.

______, 2008, 「심발형토기의 조리혼 분석 -풍납토성 출토품을 중심으로-」, 『炊事의 考古學』, 식문화탐구회.

______, 2009, 「토기의 탄소부착혼을 통해 본 소성과 조리방법 -늑도유적 사례를 중심으로-」, 『韓國上古史學報』第65號, 韓國上古史學會.

鄭鍾兌, 2003,「湖西地域 長卵形土器의 變遷樣相」,『湖西考古學』第9輯, 湖西考古學會.

______, 2005,「三國~高麗時代 솥(釜)의 展開樣相」,『錦江考古』第2輯, (財)忠淸文化財硏究院.

______, 2006,「百濟 炊事容器의 類型과 發展樣相」, 충남대학교대학원 석사학위논문.

中央文化財硏究院, 2008,『청원 오송생명과학 산업단지내 청원 연제리 유적』.

토기가마 복원 실험 연구회, 2009,「양산 호계동 삼국시대 토기가마 복원과 소성실험」,『강등과 전쟁의 고고학』, 제33회 한국고고학전국대회, 패널 발표.

한강문화재연구원, 2009,『원주 동화리 유적』.

한국조리과학회, 2002,『조리과학용어사전』, (주)교문사.

韓志仙, 2008,「장란형토기의 사용흔 분석을 통한 지역성 검토」,『炊事의 考古學』, 식문화탐구회.

______, 2009,「백제의 취사시설과 취사방법-한성기를 중심으로」,『百濟學報』제2호, 百濟學會.

허진아, 2008,「호남지역 3~5세기 취사용기의 시공간적 변천양상」,『炊事의 考古學』.

湖南文化財硏究院, 2003,『咸平 倉西遺蹟』.

____________, 2007,『潭陽 台木里遺蹟』I.

____________, 2007,『益山 射德遺蹟』I.

かみつけの里博物館, 2004,『古代の蒸し器を使ったら - 土製・木製甑の使用實驗』.

索引

찾아보기

● 활동사진 ●

① 실험을 마치며 기념촬영
　(왼쪽부터 한윤선, 정수옥, 김미연, 장홍선, 나가토모, 한지선, 정종태, 허진아, 오승환)
② 2009년 한라산 정상에서 '실험의 기'를 받다
③ 토기제작을 맡아주신 마순관선생과 함께
④ 부뚜막 만들기
⑤ 실험을 기록하고 관찰하는 데스크앞에서
⑥ 부뚜막 조리실험하기
⑦ 일본 부뚜막의 어머니 토야마선생과 함께
⑧ 2008년 한국고고학대회 패널 발표 참가자들
⑨ 2011년 오대산 정상에서 '새로운 정기'를 받으며…

● 지은이

오승환 _ 吳昇桓, Oh seung whan

(재)한강문화재연구원(漢江文化財研究院, Hangang Institute of Cultural Heritage)

주요 논저

2008, 「우리나라의 이동용 부뚜막 연구」, 『한강고고』 제2호, 한강문화재연구원.
2009, 「부엌의 考古學的 研究(1)」, 『聚落研究』 1, 취락연구회.
2009, 「삼국시대의 취사형태복원을 위한 기초연구 - 시루와 장란형토기를 이용한 취사실험」
　　　『야외고고학』 제6호, (사)한국문화재조사연구기관협회(공저).
E-mail _ ohoo4444@hanmail.net

한지선 _ 韓志仙, Han Ji Sun

국립문화재연구소(國立文化財研究所, National Research Institute of Cultural Heritage)

주요 논저

2009, 「백제의 취사시설과 취사방법-한성기를 중심으로」, 『百濟學報』 제2호, 百濟學會.
2011, 「한성지역 백제토기 분류 표준화 방안의 모색」, 『百濟學報』 제5호, 百濟學會.(공저)
2011, 「중도식토기의 기능과 사용방식」, 『한국기독교박물관지』 제7호, 숭실대학교한국기독
　　　교박물관.
E-mail _ sishan76@hanmail.net

정종태 _ 鄭鍾兌, Jeong Jong Tae

(재)한얼문화유산연구원(한얼文化遺産研究院, Haneol Research Institute of Cultural Heritage)

주요 논저

2006, 『百濟 炊事容器의 類型과 展開樣相 -中西部地方 出土資料를 中心으로-』, 忠南大學校大
　　　學院 碩士學位論文.
2009, 「삼국시대의 취사형태복원을 위한 기초연구 - 시루와 장란형토기를 이용한 취사실험」
　　　『야외고고학』 제6호, (사)한국문화재조사연구기관협회(공저).
E-mail _ jjt1230@hanmail.net

장홍선 _ 張洪善, Jang Hong-sun

(재)한강문화재연구원(漢江文化財研究院, Hangang Institute of Cultural Heritage)

주요 논저

2008, 「부뚜막취사의 실험고고학적 검토」, 『양식의 고고학』 제32회한국고고학대회 발표요지
　　　문, 한국고고학회(공저).
2009, 「삼국시대의 취사형태 복원을 위한 기초연구 - 시루와 장란형토기를 이용한 취사실
　　　험」, 『야외고고학』 제6호, 한국문화재조사연구기관협회(공저).
E-mail _ zzangh97@hanmail.net

정수옥 _ 鄭修鈺, Jung su ock

국립가야문화재연구소(國立加耶文化財研究所, Gaya National Research Institute of Cultural Heritage)

주요 논저

2009,「토기의 탄소부착흔을 통해 본 소성과 조리방법」,『한국상고사학보』제65집, 한국상고
　　사학회.
2009,「삼국시대 취사형태 복원을 위한 기초연구」,『야외고고학』제6호(공저)
2010,「古代 木製 食器의 組成과 特徵에 대한 檢討」,『한일문화재논집2』, 국립문화재연구소.
E-mail _ gun09824@hanmail.net

허진아 _ 許眞雅, Heo Jin A

경희대학교 중앙박물관(慶熙大學校中央博物館, Kyunghee University Museum)

주요 논저

2008,「호남지역 3~5세기 취사용기의 시공간적 변천양상」,『炊事의 考古學』, 서경문화사.
2008,「무덤을 통한 '마한' 사회의 전개과정 작업가설」,『湖西地域 邑落社會의 變遷』, 제17
　　회 호서고고학회 학술대회 발표요지(공저).
2010,「성토대지 조성을 통해 본 사비도성의 공간구조 변화와 운용」,『湖西考古學』22.
E-mail _ hu1981@hanmail.net

한윤선 _ 韓鈗善, Han Youn Seon

(재)대한문화유산연구센터(大韓文化遺産研究센터, DAEHAN Institute of Cultural Heritage Investigation)

주요 논저

2010,『전남 동부지역 1~4세기 주거지 연구』, 순천대학교 대학원 석사학위논문.
E-mail _ 1004yshan@hanmail.net

김미연 _ 金美蓮, Kim Mi Yeon

(재)대한문화유산연구센터(大韓文化遺産研究센터, DAEHAN Institute of Cultural Heritage Investigation)

주요 논저

2005,「住居址 부뚜막 調査法에 대한 一案」,『연구논문집』5호, 호남문화재연구원.
2005,「竪穴建物址 調査法 -重疊遺構를 中心으로-」,『발굴사례연구논문집』2호, 한국문화재
　　조사연구기관협회(공저).
2007,『3~6세기 해남반도 고고학적 연구』, 목포대학교 대학원 석사학위논문.
E-mail _ miyun23@hanmail.net

토야마 마사코 _ 外山政子

高崎市榛名町誌編さん室

주요 논저

1991,「三ッ寺Ⅱ遺跡のカマドと煮炊」,『三ッ寺Ⅱ遺跡』, 財團法人 群馬縣埋藏文化財調查事
　　業團.
1992,「爐からカマドへ―古墳時代新來の食文化」,『助成研究報告　2』, 味の素食の文化セン
　　ター.
2010,「土器の使用痕跡(ススコゲ)觀察と調理方法復原へのアプローチ」,『研究紀要』28,
　　財團法人 群馬縣埋藏文化財調查事業團(共同執筆).

쇼다신야 _ 庄田愼矢

독립행정법인 국립문화재기구 나라문화재연구소 연구원(獨立行政法人 國立文化財機構 奈
良文化財研究所 研究員)

주요 논저

2009,『청동기시대의 생산활동과 사회』, 학연문화사.

炊事實驗의 考古學

취사실험의 고고학

초판인쇄일	2011년 5월 11일
초판발행일	2011년 5월 12일
지 은 이	음식고고연구회
발 행 인	김선경
책 임 편 집	김윤희, 김소라
발 행 처	도서출판 서경문화사
	주소 : 서울 종로구 동숭동 199 - 15(105호)
	전화 : 743 - 8203, 8205 / 팩스 : 743 - 8210
	메일 : sk8203@chollian.net
인 　 쇄	바른글인쇄
제 　 책	반도제책사
등 록 번 호	제 1 - 1664호

ISBN 978-89-6062-073-5　　94900

ⓒ음식고고연구회, 2011

＊파본은 본사나 구입처에서 교환하여 드립니다.

정가　16,000원